CORAGEM

Editora Appris Ltda.
1.ª Edição - Copyright© 2023 da autora
Direitos de Edição Reservados à Editora Appris Ltda.

Nenhuma parte desta obra poderá ser utilizada indevidamente, sem estar de acordo com a Lei nº 9.610/98. Se incorreções forem encontradas, serão de exclusiva responsabilidade de seus organizadores. Foi realizado o Depósito Legal na Fundação Biblioteca Nacional, de acordo com as Leis nos 10.994, de 14/12/2004, e 12.192, de 14/01/2010.

Catalogação na Fonte
Elaborado por: Josefina A. S. Guedes
Bibliotecária CRB 9/870

M293c
2023.
	Mantovani, Denise Cristina
	  Coragem / Denise Cristina Mantovani. – 1. ed. – Curitiba : Appris, 2023
	  99 p. ; 21 cm.
	
	  ISBN 978-65-250-5160-4
	
	  1. Memória autobiográfica. 2. Coragem 3. Amor. I. Título.
	
	                                                   CDD – B869.3

Editora e Livraria Appris Ltda.
Av. Manoel Ribas, 2265 – Mercês
Curitiba/PR – CEP: 80810-002
Tel. (41) 3156 - 4731
www.editoraappris.com.br

Printed in Brazil
Impresso no Brasil

Denise C Mantovani

CORAGEM

FICHA TÉCNICA

EDITORIAL	Augusto Coelho
	Sara C. de Andrade Coelho
COMITÊ EDITORIAL	Marli Caetano
	Andréa Barbosa Gouveia (UFPR)
	Jacques de Lima Ferreira (UP)
	Marilda Aparecida Behrens (PUCPR)
	Ana El Achkar (UNIVERSO/RJ)
	Conrado Moreira Mendes (PUC-MG)
	Eliete Correia dos Santos (UEPB)
	Fabiano Santos (UERJ/IESP)
	Francinete Fernandes de Sousa (UEPB)
	Francisco Carlos Duarte (PUCPR)
	Francisco de Assis (Fiam-Faam, SP, Brasil)
	Juliana Reichert Assunção Tonelli (UEL)
	Maria Aparecida Barbosa (USP)
	Maria Helena Zamora (PUC-Rio)
	Maria Margarida de Andrade (Umack)
	Roque Ismael da Costa Güllich (UFFS)
	Toni Reis (UFPR)
	Valdomiro de Oliveira (UFPR)
	Valério Brusamolin (IFPR)
SUPERVISOR DA PRODUÇÃO	Renata Cristina Lopes Miccelli
REVISÃO	Katine Walmrath
DIAGRAMAÇÃO	Renata Cristina Lopes Miccelli
CAPA	Tiago Reis

Se existe uma verdade absoluta, nesta vida, é a de que eu tenho FAMÍLIA.

Pedro, Cleusa, Luiz Pedro, Luiz Hermínio, Luciane, Gabriela e Eliana, a vocês todo o meu amor.

Vocês são as pessoas das quais necessito para viver.

Agradecimentos

Vocês deram vida a este livro. Vocês são os motivos da minha existência, sobrevivência, força e, principalmente, da minha coragem. Por vezes, quando minha vida estava a desmoronar, algum de vocês se fez presente:

Pedro, meu filho: juro que sou para você a melhor mãe que eu consigo ser. Peço desculpas por todos os momentos ausentes em sua vida.

Luiz Pedro Mantovani, meu pai: você é meu super-herói. Exemplo de Homem que todos deveriam seguir. Eu jamais vou me esquecer das palavras ditas pelo senhor no dia do meu casamento: "eu te amo muito mais do que você imagina".

Cleusa, minha mãe: eu não sei como a senhora conseguiu e consegue ter tanta força. Nossa família é uma obra, em que a senhora é todo o alicerce. Sei que aguentou, quieta, alguns desaforos e tristezas decorrentes do meio machista em que foi criada, mas se manteve forte como uma rocha. Sei que, em nome da família e devido à sociedade patriarcal em que cresceu, deixou sonhos para trás. Se eu sou uma mulher forte, é porque a tenho como exemplo.

Luiz Hermínio, meu irmão: você sempre foi uma pessoa querida e tranquila. Obrigada por estar cuidando do papai e da mamãe mais do que eu. Eu fico tranquila em São Paulo, pois sei que está ao lado deles.

Gabriela, minha cunhada, obrigada pelo carinho com minha família. Você é uma das pessoas mais doces que mora no meu coração.

Luciane dos Santos, minha irmã do coração: obrigada por tanto amor aos meus pais, meu irmão, a mim e ao Pedro. Sinto falta de estar mais presente na sua vida e ter você na minha também.

Eliana, meu anjo, uma única frase resume nossa história: o que seria da minha vida sem você? Eu jamais teria sobrevivido aos perrengues pelos quais passei sem sua presença!

Olinda e Albino, Armelindo e Aparecida, meus avós (*in memoriam*), obrigada por terem-me dado pais tão especiais!

Daniela, minha eterna amiga (*in memoriam*): eu nunca conheci alguém com tanto amor no coração. Não termino meu agradecimento a você aqui. A gente ainda vai se reencontrar.

Aos meus professores dos colégios de Poloni/SP e de Monte Aprazível/SP, minha eterna gratidão por todo o aprendizado.

Família e amigos de Junqueira, de Poloni, de Nipoã, de União Paulista, de Tanabi e de Monte Aprazível, municípios do interior de São Paulo, do Colegial, da faculdade, do cursinho LFG, das academias, da Justiça Federal, da "balada", do Banana Café — todos vocês passaram pelo meu coração enquanto este livro era produzido. E com muito carinho. Reda Zayoun, um especial agradecimento a você, que me apresentou à vida novamente.

Amigos do mestrado da Fundação Getulio Vargas: obrigada pelo acolhimento e suporte durante a pandemia e pelos aprendizados de vida. Com vocês, aprendi a humildade e a deixar muitos preconceitos de lado. Meninas, vocês me libertaram — de mim mesma, inclusive.

Prefácio

O que dizer dessa mulher forte, guerreira, empoderada que, mais de vinte anos após ter sido minha aluna, surge como mãe extrema, profissional realizada e escritora de ideias tão enérgicas e linguagem tão dinâmica que agrada tanto aos de poucas leituras como aos leitores mais assíduos, solicitando-me a revisão de seu livro *Coragem*?

Já conhecia sua literatura a partir de dois textos que ela me enviou para revisão: "Afinal, o que é feminismo?" e "E quantos segredos traz o coração de uma mulher?". O contato com esses textos me encantou: a escolha do tema, a forma de discorrer sobre ele e a linguagem tão clara mostraram seu domínio da nossa língua: viva, dinâmica, transparente, mas enérgica como as águas descendo das cachoeiras que vão se espalhando livres, inundando os térreos adjacentes, vencendo os obstáculos a serem transpostos, sem dificuldades. Lembrei-me da ex-aluna adolescente, de olhos fixos no forro da sala, passeando seus pensamentos sorrateiros até seu olhar esperto encontrar-se com o meu olhar reprovador para o qual abria um largo sorriso e tentava se concentrar até que eu desviasse o olhar para outros alunos e não atrapalhasse suas fugas ao conhecimento de uma norma gramatical, de um fato linguístico ou da possibilidade de forma de expressão... Com certeza o ganho interior foi maior que a explicação perdida.

Na introdução, ela se desnuda e se revela. Tem receio, mas se expõe. Sua ousadia é a sua libertação. É a sua coragem que a move. Sua vocação pela comunicação ficou temporariamente adormecida até surgir a necessidade de registrar as emoções vividas, as decepções sofridas, suas descobertas e experiências pessoais. Assim surge a Denise escritora, que terá atingido seus objetivos se seus escritos levarem o leitor a refletir sobre os obstáculos que a vida nos impõe, a ser porto seguro em meio a tantas tormentas, a buscar paz em meio aos infortúnios, a ser feliz apesar dos desencontros e ter coragem de enfrentar seus medos para atingir o sonho de liberdade, apesar das muitas formas de opressão a que a sociedade nos submete.

Tenta, com suas indagações, buscar as respostas que irão ajudar as pessoas, principalmente as mulheres, a vislumbrarem uma forma de enfrentamento de seus medos, suas angústias, suas opressões, seus desencantos, levando-as, por meio da sua análise e reflexão, a tomarem coragem de quebrar as amarras em busca da liberdade para chegarem à felicidade almejada.

Cada artigo seu é um recorte da linha de tempo da sua vida, fruto das suas vivências e experiências transformadas em aprendizados. Os temas tratados são de relevante importância, porque brotam de fato do quotidiano, de situações rotineiras soterradas na repetição do dia a dia, mas que se libertam, afloram e se revelam na expressão libertária e reveladora da escritora.

Lagarta mal-acomodada no seu casulo, sem poder agir (presa ao amor pelo pai), a escritora aguarda o momento ideal para se libertar da prisão (o apoio do pai), enquanto passa por modificações de visão de mundo e assume comportamentos almejados, ganha coragem de romper o enfadonho invólucro, alcançando voo certeiro, mostrando a beleza e firmeza de suas asas rumo à liberdade.

Denise, mulher-metamorfose, seu nome é Coragem.

Maria Dela Fontes Fernandes

Professora aposentada de Língua Portuguesa e Literatura

Sumário

INTRODUÇÃO
Por que este livro está sendo lançado?..14

APRENDIZADO 1
Aprendi que não sentir culpa faz meu filho mais feliz........................ 20

APRENDIZADO 2
O medo de magoar o outro pode paralisar a nossa felicidade........................25

APRENDIZADO 3
Realize seus sonhos. Antes que seja tarde demais 30

APRENDIZADO 4
Respeito: um dos maiores aprendizados da vida.................................34

APRENDIZADO 5
Afinal, o que é o feminismo? — Um breve relato à luz
de uma Sociedade Patriarcal...38

APRENDIZADO 6
E quantos segredos traz o coração de uma mulher?............................42

APRENDIZADO 7
Tripla jornada da mulher
Estamos juntas, queridas!..45

APRENDIZADO 8
As amizades que o tempo não leva..49

APRENDIZADO 9
Nossos pais não são eternos?...52

APRENDIZADO 10
A era dos cabelos brancos..55

APRENDIZADO 11
O fardo da mulher divorciada..59

APRENDIZADO 12
Adolescência aos 40?..63

APRENDIZADO 13
Os livros julgados pela capa...67

APRENDIZADO 14
Por que você me abandonou? 70

APRENDIZADO 15
À beira da morte..74

APRENDIZADO 16
Onde eu estava enquanto meu filho crescia? 77

APRENDIZADO 17
A sabedoria dos mais velhos..81

APRENDIZADO 18
O direito constitucional ao medo 84

APRENDIZADO 19
A cultura da rivalidade entre as mulheres..88

APRENDIZADO 20
O suicídio de Simone 92

Posfácio..96

Introdução

Por que este livro está sendo lançado?

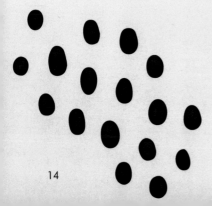

A maturidade faz milagres com a gente. Passamos a ter coragem de falar sobre assuntos que antes nos acanhavam. O medo vai embora e a firmeza para enfrentar algumas situações emocionais difíceis surge em nossa jornada. Aceitamos nossas vulnerabilidades, vencemos a vergonha e ousamos, simplesmente, ser quem somos. E é muito libertador passar por esse ciclo da vida. Simultaneamente, essa etapa nos mostra que aqueles sonhos da infância e da adolescência não podem ser esquecidos. Fernando Pessoa, grande poeta e filósofo português, falecido em 1935, dizia serem as feridas das guerras não lutadas as que mais nos machucam. A minha interpretação para tal fala é a de que a não realização dos nossos desejos nos frustrará, quando a "idade bater pesado". Eu não quero ser uma pessoa frustrada, tampouco contagiar as pessoas, ao meu redor, com as minhas tristezas. Para minha sorte, o tempo passou a me desnudar e a me encorajar.

Poucas pessoas sabem, mas, ao invés da faculdade de Direito, era Jornalismo o curso almejado por mim como grau superior. No momento da inscrição para o vestibular, no final do ano 2000, concorri a uma vaga para Jornalismo. Eu sonhava ser repórter ou redatora e apresentadora de telejornal. Eu queria viver da comunicação. Pode acreditar! Quando saiu o resultado da prova, sentei para conversar com o meu pai. Ele me perguntou o que eu faria como jornalista em uma cidade de 25 mil habitantes e local onde já existia um jornal consolidado. Na época, eu morava no interior de São Paulo, na cidade de Monte Aprazível e, hoje, uma mulher madura, vejo que o Dr. Mantovani tinha razão: eu não teria campo para desenvolver meu trabalho, lembrando que a internet, ainda, não era uma realidade. Na verdade, nossos pais estão corretos 99% das vezes — nós que não enxergamos isso, e desejam sempre a felicidade e o bem-estar dos filhos. E foi assim que eu caí de paraquedas no curso de Direito.

Uma vez que a vida não vem com uma bússola nos apontando o melhor caminho, minha rota foi alterada em 2005, quando me mudei para a capital. Tanto a Denise criança quanto a Denise adolescente, assim como o genitor da Denise, jamais imaginavam que Denise moraria na "cidade grande", como dizem os interioranos. E qual o significado de morar em São Paulo? Foi nessa cidade, para onde vim casada e com um filho de um ano e nove meses, que enfrentei um divórcio difícil, que fiquei sozinha com o Pedro, na época com 7 anos, que passei a ser mãe e pai, homem e mulher de um lar, amadurecendo abruptamente. Depois desse baque, desse soco no estômago, aprendi a não dar tanta importância para o que as pessoas pensam sobre mim. E foi esse o meu atalho para a liberdade de escrever. Para a liberdade de ir em busca de uma vida com significado para mim.

Retomando o meu sonho de ser jornalista e a consequente ânsia pela escrita e pela comunicabilidade, embora me faltasse o hábito da leitura, no ano de 2016, dei início a alguns textos. Costumo dizer que transformo aprendizados pessoais em artigos. E é, realmente, essa a verdade: apenas posso escrever sobre os meus sentimentos, minhas descobertas e minhas experiências. Redigir, para mim, é como uma terapia, uma forma de autoconhecimento e um momento de reflexão. A despeito de o primeiro artigo ter nascido em 2016, a publicação ocorreu tão somente em julho de 2018, quando tomei a coragem de encaminhar minhas palavras para alguém ler. Até aquele momento, assumo, sentia vergonha, medo da exposição, e, principalmente, pavor de ser julgada e criticada. Contudo, ao mesmo tempo, dentro de mim pulsava um sentimento muito maior: era como se eu tivesse a missão de, com minhas dores e meus aprendizados, ajudar outras pessoas, principalmente, mulheres, mostrando, sempre, a existência de uma luz no fim do túnel.

Meu coração disparou quando o primeiro texto foi divulgado no site da revista Marie Claire, e quase saiu pela boca no momento da publicação do segundo em O Segredo. Afinal, eu me escancarava ao mundo. Hoje não tenho mais pavor de julgamentos, de críticas, porque compreendi que apenas prego em evidência é martelado. Sinto, unicamente, o receio de ser mal interpretada.

Desfrutando do ponto "estar em evidência", recordo-me de um vídeo enviado por amigos da cidade de Poloni/SP em maio de 2021. Nas imagens, com um microfone na mão, apresento-me, digo aos vizinhos que meus amigos e eu estávamos ensaiando para um concurso de lambada e peço o início da música. Sou a primeira da fila, enquanto dançamos em um alpendre. Depois de um tempo, puxo, de um modo nada tímido, um amigo para dançar. As lembranças trouxeram a Denise criança: aquela que, aos 9 anos de idade, adorava remexer, tinha atitude, era muito ousada e não tinha medo da exposição. Voltei no tempo. Assisti à recordação e me emocionei absurdamente. Chorei tanto que, juro, me faltou o ar. Concluí que alguns sonhos dessa criança ficaram para trás, dando lugar a outros. Não obstante, continuo gostando de liderar e de dominar a situação, de ter meu cabelo comprido, de mostrar parte da barriga, de fazer brincadeiras, de dançar e, principalmente, de integrar pessoas. A minha ousadia se perdeu no tempo — mas já dei início ao resgate dessa minha característica.

E por que conto essa história? Porque quanto mais vivo, mais a coragem me encontra. Mais sinto que meu genuíno sonho é escrever e não posso chegar à velhice frustrada. E é através das minhas palavras que meus anseios se realizarão. O custo de uma frustração é altíssimo e não pretendo ter os olhos opacos e tristes no futuro. Se ninguém é a mesma pessoa desde que nasceu, eu não sou a mesma mulher desde que me mudei para São Paulo. Hoje, entendo que mudanças são inevitáveis e, às vezes, mudar é mesmo o melhor para a gente. Sei, também, que, apesar de ter sido criada em uma cultura machista — assim como todos da minha idade, a mulher precisa quebrar padrões e diretrizes impostos pela sociedade na busca das suas vontades.

O escritor Rubem Azevedo Alves[1] ao responder a um aluno, em uma entrevista, disse "Eu cheguei onde cheguei, porque tudo que planejei deu errado". Eu não estou dizendo, com essa citação, que minha formação jurídica tenha dado errado. Muito pelo contrário. Sou bastante feliz e realizada no meu trabalho, onde, hoje, ocupo o cargo que um dia almejei. Todavia quem sabe eu não me torne uma escritora famosa por acidente? Estou em um momento da vida flertando com minha carreira de escritora. Tenho um árduo caminho pela frente. Esse meu futuro é incerto. É um livro em branco, mas

---

[1] Rubem Azevedo Alves foi um psicanalista, educador, teólogo, escritor e pastor presbiteriano brasileiro.

eu já comecei a escrevê-lo. Pode ser que eu ganhe uma legião de fãs, mas, também, que colecione críticas. E tudo bem!

Tenho certo receio de colocar alguns pensamentos neste livro e de me arrepender algum tempo depois. Porém, suporto a consciência de estar fazendo o meu melhor até ter mais compreensão sobre a vida. À medida que vou vivendo, novas culturas são e serão por mim absorvidas e posso reescrever algumas falas sem problema algum. Não quero ser e nem sou a pessoa mais politicamente correta do planeta: algumas ignorâncias e preconceitos ainda estão enraizados em mim. Dessa maneira, permanecer de cabeça aberta, aprendendo e aceitando críticas construtivas, será meu exercício diário.

Apesar de eventuais erros que eu possa cometer (e, realmente, cometo), minha franqueza, sinceridade e coragem hão de ser admiradas. Recentemente, li que amadurecer é contar a história toda sem pular a parte em que, também, erramos. Escrever me coloca de frente para quem eu sou, em um exercício de espelho. Por vezes, difícil de encarar. Eu não sou uma pessoa 100% evoluída. Nem pretendo ser. Se fosse, deixaria de aprender. Eu já menti. Já traí. Já fui traída.

Finalizando a "sessão terapia", vamos ao presente livro. Esta obra é uma compilação de alguns textos já publicados em sítios eletrônicos e de outros inéditos. Antes de alguns artigos, há o motivo pelo qual eu os escrevi, ou seja, a inspiração, o impulso, o aprendizado. A maioria é autoexplicável. Não há um único estilo de escrita. Assumo a grande possibilidade da existência de algum pensamento contraditório entre uma prosa e outra. Isso se deve ao fato de o primeiro artigo ter sido escrito há seis anos (2016), e a formação e a evolução do ser humano ocorrem de acordo com aquilo que é vivido. Mudanças sempre acontecem e eu estou no caminho dos aprendizados e em constante desenvolvimento. Enquanto eu escrevia meus artigos, muitas pessoas especiais foram por mim lembradas. Impossível citar todos os nomes.

Meus textos são resultados dos meus períodos de solidão, momentos em que sensações, recordações e sentimentos mais profundos chegavam ao meu coração. São frutos de experiências, acontecimentos e de angústias particulares ou de algum(a) amigo(a), somados a aprendizados, conselhos e positividades. Sem melodramas ou subterfúgios! Não há nada mais poderoso do que uma mulher determinada a impactar positivamente pessoas. Ficarei muito realizada se minhas experiências marcantes, que deram um significado para a minha vida, também lhe trouxerem paz, reflexão, felicidade, CORAGEM e, sobretudo, LIBERDADE.

Este não é apenas um livro sendo publicado. É parte da minha vida. Assim, aos 40 anos de idade, no ano de 2023, lanço meu primeiro livro, descrevendo alguns dos meus aprendizados enquanto mulher, mãe, filha, profissional e amiga, e realizo um sonho, o qual te convido a viver comigo.

Aprendizado 1

Aprendi que não sentir culpa faz meu filho mais feliz

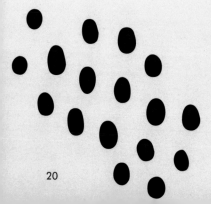

"APRENDI QUE NÃO SENTIR CULPA FAZ MEU FILHO MAIS FELIZ" foi meu primeiro texto, escrito em 2016 e publicado em 2018 no site da revista Marie Claire[2]. Esse artigo encorajou-me a escrever mais e mais, principalmente, depois de ter recebido elogios e agradecimentos. Fui parada nas calçadas de Monte Aprazível/SP por algumas mulheres, e outras me procuraram pelas redes sociais: queriam enaltecer a minha coragem e agradecer a liberdade que minhas palavras lhes proporcionaram. Como a maioria das mulheres, fui educada de modo a suportar as exigências da cultura e do mundo, da mesma forma como a minha e a sua mãe suportaram antes da gente. Admiro muito as nossas antecessoras, porque eu não teria suportado.*

Foram anos vivenciando culpas e colhendo críticas e infelicidade em um casamento falido. Ninguém imagina. Fui vítima do machismo e do patriarcado, mesmo sem ter, na época, o conhecimento dos conceitos dessas palavras. Fiz terapia. E à medida que comparecia às sessões, melhor me conhecia e reconhecia as minhas angústias. O padrão de comportamento do meu ex-marido era simplesmente a consequência da criação dele advinda do patriarcado. Era deprimente, é claro. Mas apenas hoje consigo enxergar isso. Ter experimentado a dor e ter suportado tantos sentimentos difíceis em um matrimônio de fachada fez com que eu descobrisse meu potencial e meu propósito e ajudasse mulheres que passaram e passam pela mesma situação. Eu me abandonei por um tempo, mas, depois que parei de ter medo dos meus sentimentos, cresci e me tornei uma mulher capaz de enfrentar os padrões prescritos pela sociedade.

O sentimento de culpa atazana imensamente as mulheres. A culpa nos asfixia. É admirável nossa dedicação para a conquista do troféu de melhor mãe, esposa, dona de casa. É admirável a nossa subserviência ao mundo. Ocorre que, muitas vezes, negligenciamos e sacrificamos nossos desejos e sentimentos na busca por esses prêmios. O engraçado é que, mesmo sobrecarregadas e exaustas, nunca temos a sensação de perfeição e de plenitude. Sempre pensamos que poderíamos fazer melhor. Faltam reconhecimento e gratidão dos envolvidos também. A sociedade é muito contraditória no que tange à mulher: são inúmeras atividades a serem

---

[2] Obrigada, Laura Âncona (ex-diretora da revista Marie Claire), pela primeira oportunidade na vida.

realizadas por uma única pessoa, e a "conta, realmente, não fecha". As horas do dia são as mesmas vinte e quatro para todos.

Queria que nenhuma mãe e mulher sentisse culpa. E se, neste exato momento, você estiver com algum sentimento análogo, aceite que temos nossos limites e cansaços, e que você tem todo o direito de ir para uma drenagem linfática em plena terça-feira ou de ver a Sessão da Tarde em uma quinta-feira — se assim desejar. Seja a mãe que você dá conta de ser. Sejamos humanas, exatamente como somos. Afinal, se não nos cuidarmos, quem vai cuidar tão bem dos nossos filhos? Dos nossos amigos? Da nossa família? Ninguém!

Obrigada, Laura Âncona (ex-diretora da revista Marie Claire), pela primeira oportunidade na vida.

Há algum tempo penso em escrever sobre como é difícil ser mulher após a maternidade. Tomei a iniciativa após ler uma publicação de uma médica no Instagram e, também, de estar presente em uma certa situação, que logo vou expor. Sou mãe do Pedro, de 13 anos, e por treze anos a culpa sempre me acompanhou.

Primeiramente, todas nós concordamos que, quando nasce uma mãe, nasce a culpa. Nós nos culpamos por tudo: pelo filho chorar, pela nota baixa do filho, pela casa não estar organizada, por ter que colocar o filho na escola, por retornar ao trabalho ou ir à academia e "abandonar" o filho, por cuidar do filho e "abandonar" o trabalho, por "abandonar" o filho e sair para namorar, por "abandonar" o marido e dar atenção ao filho. Enfim, nos culpamos por tudo! Eu sei que você se identificou comigo!

Durante um tempo, eu ouvi críticas de uma pessoa próxima por eu fazer academia, drenagem linfática, terapia. Enfim, críticas por fazer qualquer coisa relacionada a cuidar do meu físico e do meu emocional. O problema é que, infelizmente, sim, eu me sentia culpada e egoísta. Questionava-me se eu estava certa ou errada em "abandonar" meu filho por algumas horas para me cuidar. Porém, eu jamais parei de olhar para mim. Sorte a minha!

Semana passada, a Dra. Simony Chiaperini, médica, mãe de três filhos, uma mulher linda, postou a seguinte frase no Instagram com a #cuidedevocê: "Você não só tem o direito de se cuidar durante e após a gestação, como tem o dever de ser exemplo para seus filhos!". Ler isso me deu uma felicidade muito grande, e minha culpa começou a ir embora. Dra. Simony escreveu isso, pois, mesmo trabalhando, sendo mãe, ela faz atividade física e cuida da alimentação. Ela faz aquilo que representa felicidade para ela.

No último final de semana, presenciei um médico fazendo um procedimento de toxina botulínica em duas pacientes, mãe e filha. Na ocasião a filha expressou infelicidade por estar fora do peso que considera o ideal para ela, porque após a maternidade não tinha mais tempo para si. Disse que cuidava muito da alimentação da filha, não a deixava tomar refrigerante, comer açúcar, porém, diante da falta de tempo, consumia tudo isso. A avó, toda orgulhosa, falou: "minha filha é um exemplo de mãe, cuida muito bem da alimentação da filha". Foi a partir daí que a minha culpa realmente foi embora.

O médico, com bastante expressão, disse: "Desculpa, mas sua filha não está sendo um exemplo para sua neta". E, em resumo, o médico ponderou nada adiantar proporcionarmos uma alimentação equilibrada aos filhos, e ao mesmo tempo estes nos verem infelizes, comendo "porcarias" e não cuidando de nós enquanto mulheres.

O profissional nos reportou a uma situação interessante: quando viajamos de avião, o comissário de bordo nos avisa que, em caso de despressurização da cabine, máscaras de oxigênio cairão de um compartimento e devemos primeiro pôr a máscara em nós mesmos para depois colocar nas crianças. Se essa regra existe, há um motivo.

No avião, o tempo que levamos para colocar a máscara primeiro em uma criança ao nosso lado é o tempo suficiente para desmaiarmos. Nesse caso a criança fica com a máscara, porém sozinha, sem condições de cuidar de si mesma. Se nos colocamos a máscara primeiro, mesmo que a criança desmaie, podemos tomar as providencias necessárias para socorrê-la.

Desse modo, o que pretendo passar com estas minhas palavras é que devemos cuidar primeiro da mulher que existe dentro da gente, pois assim teremos mais energia, disposição, saúde e felicidade para criarmos nossos filhos, sendo exemplos para eles! Não podemos, mães, nos abandonar enquanto mulheres, tampouco esquecer o que nos traz prazer e felicidade. Se nos deixarmos em segundo plano, acabamos sem energia e até mesmo doentes.

Enfim, a mulher que consegue olhar para si mesma, seja fazendo academia, as unhas, cuidando da alimentação, terapia, tomando um café com uma amiga, é mais feliz e, com certeza, a felicidade, mas tão somente a felicidade sem culpa é o exemplo que devemos passar para nossos filhos. Ah! Com relação à pessoa da qual eu recebia as críticas, e, por isso, me sentia infeliz, pedi o divórcio.

Aprendizado 2

O medo de magoar o outro pode paralisar a nossa felicidade

Este segundo artigo foi publicado no site O Segredo e, quando vi a divulgação, meu coração bateu muito forte. Faltou-me o ar. Apesar de toda a exposição à qual me submeti, senti e sinto orgulho da minha coragem em transmitir aos meus amigos que viver infeliz é uma grande imbecilidade e uma conduta perversa consigo mesmo.

Divorciar-me foi o momento mais difícil da minha vida. É doloroso alterar o estado civil de casada para divorciada. Eu, particularmente, odeio a palavra "divorciada" nos meus documentos. Eu era casada, e agora sou o quê? Divorciada. Eu não sou mais solteira, e nunca mais vou ser.

Passei anos enjaulada pelas minhas crenças e infeliz em uma farsa. Meu casamento era tipo uma bolsa Chanel falsificada: por fora, parecia perfeito; por dentro, o forro entregava a realidade. Realidade que, por anos, somente eu sabia. Contudo, a maior dor não é a alteração do estado civil, mas sim, e de longe, o rompimento de uma família.

Eu sempre fui uma pessoa muito alegre. Porém, depois do casamento, eu me tornei outra, isolando a versão de quem eu era. Deprimida, por vezes, disse a mim mesma ter sido uma escolha e que eu teria que suportar: era a única forma de sobreviver. Quando iniciei as sessões de terapia, passei a enxergar que não podia continuar infeliz e me abandonando. Depois de um tempo, percebi que não precisava provar a ninguém que me separar era certo ou errado. Não precisava justificar nada ao mundo. Eu estava infeliz e isso bastava. Não era gentil, nem comigo, tampouco com meu filho, viver melancólica. Apenas honrei o objetivo de todos os pais: a felicidade dos seus filhos.

Nesse processo todo, chegou um momento em que, muito deprimida, eu não via luz no fim do túnel. Foram seis anos até sair da escuridão. Encontrei o sol, quando coloquei minha família no túnel comigo. Em prol da minha família, da minha felicidade e, principalmente, da minha liberdade, decidi me separar. Quando nos respeitamos, vivemos em paz e com integridade. Compreendemos que somos mulheres sábias e corajosas o suficiente para cuidar de nós mesmas e de uma família. Sozinhas. Uma família também é composta somente por uma mãe e por um filho.

Quando uma mulher se divorcia, algo morre dentro dela: o sonho da família perfeita. Mas outra parte nasce. No meu caso, observei estar *mais viva do que nunca. Concentrei-me no que mais amo: meu filho. Quando uma mulher decide que ela não vai mais aturar nada, não tem amor certo que a faça voltar atrás. O amor da minha família me deu uma segunda chance na vida. E todos nós, homens e mulheres, merecemos uma segunda chance.*

Ninguém se casa para se separar. Ninguém se une a outro pensando em, futuramente, desatar o laço. Quando nos apaixonamos e decidimos criar uma família, jamais imaginamos que, um dia, tudo isso pode acabar. Mas pode. E, muitas vezes, infelizmente, acaba. A decisão de terminar ou não um relacionamento nunca é fácil, e, na maior parte das vezes, só chegamos a essa conclusão depois de um processo doloroso.

Conheço muitas mulheres mantendo um casamento infeliz por medo. Medo de não estar fazendo a escolha certa, medo de os filhos sofrerem com a separação, medo de não ser mais uma família, medo da solidão, medo de não conseguir dar conta de tudo sozinha, medo de não ser aceita pela sociedade. Mas, no meu caso, o meu maior medo era o de magoar meu pai.

Casei-me muito jovem no interior de São Paulo, e o grande amor da minha vida sempre foi meu pai, que, hoje, divide esse posto com o meu filho Pedro. Meu pai e eu sempre tivemos uma sintonia um com o outro, um carinho e uma cumplicidade muito fortes. Venho de uma família tradicional, tive uma criação conservadora, e meus pais estão casados há mais de 40 anos. Fui o primeiro caso de divórcio na família.

Após quase dois anos de casamento, saí do interior e vim para São Paulo, onde meu ex-marido já morava. No começo da nossa vida aqui na capital, eu achei que fosse enlouquecer. Passado um tempo, eu tive essa certeza! Infelizmente, ainda hoje, o casamento pesa muito para as mulheres. Pelo menos, isso aconteceu comigo, e só posso contar o que vivi. A mulher ainda detém a maior responsabilidade pela casa, pelos filhos, além de trabalhar fora e ajudar no sustento do lar.

Logo que me mudei para São Paulo, e, realmente, passei a morar com meu ex-marido, infelizmente — e sempre vou dizer infelizmente

—, senti que a união não daria certo. Senti que meu ex-marido e eu não estávamos na mesma frequência, e havia uma boa chance de estarmos desperdiçando nosso tempo juntos. Sentia-me infeliz, com baixa autoestima e muito desanimada, pois o amor e o desejo já tinham acabado. Porém, eu tinha medo de contar para a minha família, e, principalmente, para o meu pai, sobre a minha vontade de me separar. Eu, realmente, não queria entristecer meu pai.

A minha mãe logo percebeu que meu casamento não ia bem, mas nada disse ao meu pai. Penso que, assim como eu, a minha mãe também não gostaria que meu pai tivesse uma filha divorciada. Acreditem, abrir mão de um casamento requer uma coragem e uma força imensas. E, por isso, eu não conseguia contar para o meu pai o quanto eu estava infeliz.

Comecei a fazer terapia para lidar com a situação, e a terapeuta não acreditava nessa minha dificuldade de conversar com meu pai. Foram meses de tratamento, até que, um dia, lá no interior, em um final de domingo, meu pai me perguntou o que estava acontecendo. Uma vontade de chorar invadiu meu peito, mas segurei as lágrimas. Meu pai nem precisou especificar o assunto. E eu logo fui dizendo que não dava mais. Lembro-me, até hoje, da respiração do meu pai ao dizer: "Se você não quer mais, assim será".

Naquele momento difícil, as palavras de um amigo me vieram à cabeça: "Denise, se seu pai souber que você está infeliz por medo de magoá-lo, aí sim ele ficará magoado". As palavras desse amigo, totalmente verdadeiras, me deram coragem, e consegui expor os meus sentimentos para o meu pai. Alívio definiu aquele momento e, hoje, vejo que o pior erro foi o de não ter colocado um ponto final no que me fazia mal muito antes.

Dói desfazer uma família? Sim! Dói dividir os filhos nas principais festas do ano? Sim! Porém, a maior dor é viver uma vida de aparências e de infelicidade por medo. Engana-se quem acredita que quem saiu da relação "está numa boa", e que é o vilão da história. Quem opta pelo fim da relação vive o luto antes mesmo do término.

Como disse, quando concluí que meu casamento precisava acabar, o meu maior medo era o de magoar meu pai. Contudo, foi meu pai quem mais me deu suporte, e quem esteve ao meu lado em todos os momentos, durante e após o divórcio. Meu pai e minha mãe apoiaram a minha decisão. Apoiaram e bancaram a minha felicidade. Toda separação implica uma queda do padrão de vida, implica momentos emocionais difíceis, e minha família esteve ao meu lado em todos eles. Hoje sei do quanto meu medo era bobo e o quanto não me permitiu inúmeros momentos de felicidade.

Não incentivo ninguém a se separar. Muito pelo contrário. Quando alguém me fala que o casamento não vai bem, eu aconselho a fazer de tudo para reconquistarem um ao outro. Agora, quando não se está feliz, quando o amor e o desejo acabaram, temos o direito e o dever de irmos em busca da felicidade. Não podemos ter medo de magoar os filhos, a família ou qualquer outro temor, pois esse sentimento apenas prolonga e acentua a inevitável dor da tomada de decisão. O divórcio não é uma tragédia, não é o fim do mundo. Fim do mundo é você desperdiçar a sua vida em um casamento infeliz.

Aprendizado 3

Realize seus sonhos. Antes que seja tarde demais

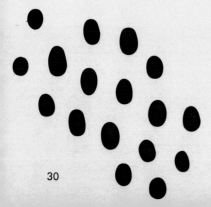

Este terceiro texto nasceu após uma fatalidade: a partida da minha melhor amiga, Daniela Bonfim. Dessa dor extraí muitas lições. Daniela tinha paixão e amor pela vida, pela família e pelos amigos. Vivia de maneira simples e pouco reclamava. Até esse acontecimento, eu não tinha muita intimidade com a morte, que me parecia algo bem distante. Porém, quando a Dani foi embora, compreendi que a vida era curta e que eu estava adiando muitos sonhos.

Este texto foi divulgado no dia em que eu vivia um momento mágico com o meu filho — eu realizava o sonho de conhecer a Cidade Luz. Pedro e eu estávamos tomando café da manhã em Paris, quando vi a publicação no site "Eu Sem Fronteiras". Naquele momento, eu não sabia se terminava meu café ou se chorava. Derramei muitas lágrimas, enquanto escrevia este artigo e me emocionei ainda mais quando comecei a receber os feedbacks da publicação.

Sabe aquela roupa que você guarda para uma ocasião especial? Sabe aquele vinho caro que será aberto apenas se um determinado fato acontecer? Algumas roupas demoram a vida toda para irem a algum lugar especial e podem nunca ir. Alguns vinhos são guardados para uma ocasião especial e podem nunca ser apreciados. E foi desse jeito que eu aprendi que algumas coisas nunca devem ser guardadas. Assim como nossos sonhos.

A vida é um breve parêntese do tempo. Daniela, apaixonada pela vida, ensinou-me que VALE A PENA VIVER A VIDA. E como eu sei que ela não me perdoaria se eu deixasse meus sonhos de lado, passei a viver com mais intensidade. Você conhece seus sonhos? A vida é breve.

Por algum motivo, sempre adiamos a realização de nossos sonhos. Por alguma razão, constantemente, temos algo planejado e guardado na gaveta. Já parou para pensar que, geralmente, deixamos para realizar uma vontade especial indefinidamente no ano que vem? Mas por que somos assim? Por que agimos dessa maneira, se a chance de nos arrependermos no futuro é grande? Arrependimentos são horríveis, e um sonho realizado é, com certeza, uma das maiores alegrias que podemos conquistar nesta vida!

Dos sonhos mais primitivos aos mais elaborados. Desde aquela tão sonhada viagem que a gente quer fazer, mas não faz a organização adequada, até a dieta ou academia que vamos começar e deixamos para a próxima semana. Não podemos nos esquecer daquele novo idioma que tanto queremos aprender ou aprimorar e vamos deixando para o próximo mês, para o ano seguinte... Agora, já imaginou que esse tempo pode não chegar para você?

No momento em que decidi escrever sobre esse assunto, estava a caminho do Rio de Janeiro, mais precisamente com destino ao Rock in Rio. Motivo? Meu filho sonhava em ir a um grande show, e eu decidi tornar esse dia inesquecível para ele. Durante o voo, comecei a pensar no quanto procrastinamos a realização dos nossos sonhos e de momentos felizes. Mas não pense você que sempre tive essa postura frente à vida.

Eu sou uma pessoa que já adiou muitos desejos — por preguiça, por medo — MUITO MEDO —, por falta de dinheiro e de planejamento — até que, um dia, a morte bateu na minha porta e levou minha melhor amiga! Já se passaram três anos desde o ocorrido, e a dor dessa perda não diminui, assim como o aprendizado diário. Infelizmente, eu "precisei" perder uma pessoa muito especial para parar de postergar meus sonhos, para estacionar as desculpas e para aprender a dar mais valor e sentido à minha vida.

Daniela se foi aos 34 anos de idade, e levou consigo vários desejos não realizados. Com a partida dela, percebi que não dava mais para retardar a vida! O tempo estava passando muito rápido, meu filho crescendo, e era hora de agir! Além de cuidar mais da minha saúde e da minha alimentação, eu desejava praticar corridas de rua, fazer um cruzeiro com o Pedro e, também, conhecer o famoso carnaval de Salvador.

Correr era um propósito desde os 18 anos, mas eu tinha muita dificuldade com a respiração. Morando no interior de São Paulo, assistia pela TV e admirava muito a corrida de São Silvestre, porém, participar parecia algo bem distante da minha realidade. Daniela partiu em outubro de 2016 e, no dia 31 de dezembro do mesmo ano, em homenagem a ela, e depois de muito treino, corri os 15 km. E, desde então, eu faço corridas de rua. Sinceramente, se não fosse por ela, penso que nunca teria iniciado essa atividade.

Na semana seguinte ao óbito da minha amiga, comprei, em parcelas "a perder de vista", uma viagem de sete dias em um cruzeiro, que era o sonho do meu filho. No mesmo ano, arrastei meu ex-namorado para o carnaval em Salvador. Dancei muito axé e vi vários artistas que fizeram parte da minha adolescência. E meus propósitos de conhecer a neve e os pontos turísticos do Rio de Janeiro? Também já foram realizados!

Os motivos campeões pelos quais adiamos nossos sonhos são a velha desculpa do "não tenho tempo", "não tenho dinheiro", "tenho filho pequeno". Mas, sabe, em minha opinião, a falta de planejamento e o medo são as maiores causas de tudo isso. Pelo menos, confesso, eram os meus! É claro que cada pessoa tem argumentos particulares, e precisamos sonhar dentro da nossa realidade — financeiramente falando. Afinal, não dá para ficar com a conta negativa, não é?

Se o seu alvo é realizar uma viagem, gastar dinheiro com bobagens, com roupas, restaurantes e carros caros não é uma boa alternativa. Se você pretende fazer um curso ou alguma atividade física, o caminho é aprender a gerenciar o seu tempo de vida da melhor forma possível. Se a sua intenção é não chegar ao final da vida com arrependimentos, adiar seus planos e metas não é a melhor ideia. O segredo é abandonar o medo e ter atitude e determinação, pois é você quem está no comando da sua vida. Não deixe seus sonhos nas mãos do destino, e não queira perder alguém que ama para aprender a viver.

Aprendizado 4

Respeito: um dos maiores aprendizados da vida

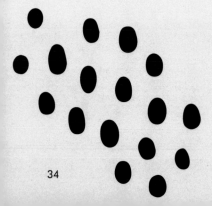

Escrevi este artigo após o fim doloroso de um relacionamento. O término doeu profundamente no meu coração, mas o aprendizado foi muito maior.

Você nunca vai compreender o dano que provocou em alguém até que a mesma coisa aconteça com você. Sabe aquele ditado: "pimenta nos olhos dos outros é refresco"? Esse ditado popular significa que o sofrimento alheio não dói na gente, que é fácil falar quando o problema é com o outro. Esse é um aprendizado que, realmente, somente a maturidade nos traz: capacidade de se colocar no lugar do outro. Precisamos de anos para nos conduzirmos dessa maneira. Pelo menos, eu precisei.

Na linha desse tema, percebo, atualmente, muito ódio e falta de respeito nas redes sociais. Julgamos. Criticamos. Esses discursos de ódio e de intolerância apenas repetem padrão de preconceitos da sociedade. E por que tudo isso? Aonde esse ódio todo vai nos levar? Precisamos aprender a olhar a vida do outro com admiração e não com inveja. Necessitamos, realmente, respeitar a escolha de vida do outro. Como diz Santo Agostinho[3]: na essência somos iguais, nas diferenças nos respeitamos.

Na virada do ano, e, aos quase 36 anos idade, me peguei pensando em qual teria sido o meu maior aprendizado no ano de 2018. Imediatamente, a palavra RESPEITO veio à minha cabeça. Isso aconteceu em um momento de grande reflexão pessoal. E, confesso, não foi fácil aprender. Foi dolorido, mas extremamente necessário e gratificante.

Quando pensei na palavra respeito, logo procurei o significado no dicionário e encontrei a definição como ato ou efeito de RESPEITAR(-SE), consideração, deferência, reverência, bem como sentimento positivo por uma pessoa ou entidade. E comecei a refletir.

Inicialmente, cheguei à conclusão de que existe o autorrespeito, ou seja, o respeito por si próprio. Devemos, em primeiro lugar, respeitar-nos, respeitar a nossa vida, o nosso corpo, as nossas decisões, vontades e sonhos.

---

[3] Aurélio Agostinho de Hipona, conhecido universalmente como Santo Agostinho, foi um dos mais importantes teólogos e filósofos nos primeiros séculos do cristianismo.

Durante uma sessão de Reiki, com a mãe de uma amiga, no final do ano, ao ser questionada por ela sobre como eu estava, simplesmente comecei a chorar ao falar sobre sentimentos até então adormecidos dentro de mim. Concluí que, há anos, eu saboto alguns sonhos e alguns desejos. E tenho certeza de que você também! Embora eu já tenha a minha profissão, à qual eu sou muito grata, e goste do que faço, sei que tenho capacidade para crescer profissionalmente. Porém, eu vinha me sabotando, arrumando desculpas e não agindo de verdade para que isso acontecesse. Comecei a agir!

Eu, também, tenho o desejo de conhecer vários lugares. Aliás, ir para alguns lugares em 2018 constituiu algumas das metas traçadas e não realizadas. Não as realizei, porque gostaria que algumas pessoas fossem comigo, mas elas não tinham sonhos idênticos aos meus, e não fomos. Não foi por culpa delas que os meus desejos não foram realizados, e sim culpa minha! Ninguém tem a obrigação de sonhar comigo! Eu deveria ter ido. Sozinha. Mas ido! Bem, como já comecei a respeitar meus sonhos, algumas passagens já estão compradas e outras logo vou adquirir! Ah! Também já fiz a minha inscrição para correr uma meia maratona no Rio de Janeiro em agosto, e também voltei aos estudos de inglês.

Assim, todos temos desejos e sonhos, e não devemos deixar ninguém, nem a nossa família, amigos, companheiros interferirem na sua realização. No futuro, vamos nos arrepender. Com certeza. Posicione-se para quem quer que seja. Respeite-se! Afinal a vida é nossa, e ninguém, além de nós, vai vivê-la!

Em um segundo momento, ponderei acerca da existência do respeito ao próximo. Respeitar a individualidade de cada ser é entender que cada pessoa é única, que pensa e que age de forma diferente, e também tem limitações e capacidades. O que o outro faz, pensa, ou como vive, não é da nossa conta. As escolhas dos outros não nos pertencem. Respeitar a individualidade do próximo não é nem uma questão de obrigação nossa, e sim algo que deve ser natural. Uma questão de educação talvez.

Eu sou uma pessoa muito ativa, ansiosa seria a palavra ideal, e acho que "tudo deve ser para ontem". No trabalho, confesso, eu já critiquei, internamente, algumas pessoas por elas não terem a mesma agilidade, ou talvez pressa, que eu. Enxergava isso como ausência de comprometimento. Porém, há algum tempo, já pensei sobre o assunto e concluí que deve ser "cada um no seu quadrado". Cada pessoa é um ser único e não cabe a ninguém nenhuma crítica! A essa conclusão, graças a Deus, eu cheguei há mais ou menos um ano, e me sinto muito melhor hoje. Aprendi a respeitar a individualidade de cada pessoa no meu trabalho. Afinal, todos temos qualidades e defeitos, e a minha ansiedade no trabalho também pode ser um defeito, não? Fazer o trabalho de uma forma não tão rápida não significa falta de comprometimento.

Em terceiro e último lugar, o respeito ao entrar e ao sair da vida de alguém, seja em uma relação de amor, familiar ou de amizade. Saber entrar e saber sair de forma digna da vida de alguém é algo que poucas pessoas sabem fazer. Ninguém precisa ficar em um relacionamento, quando a vontade é ir embora, mas ter responsabilidade emocional e honestidade com o outro é nossa obrigação. Da mesma forma, o outro deve respeitar a nossa decisão de partir. As pessoas não são produtos, mercadorias. Temos sentimentos, carregamos histórias, traumas, planos e sonhos.

Muitas vezes, a gente perde o interesse mesmo, a vontade de continuar some, o encanto, simplesmente, desaparece e a única escolha é ir embora. É normal não existirem mais motivos para permanecer. Mas o respeito e a honestidade devem sempre existir. Podemos escolher o tipo de pessoa que preferimos ser ao ser lembrada por alguém. Estamos cada vez menos preocupados com o sentimento do outro. Não sejamos esse tipo de pessoa.

Se hoje você desrespeita, amanhã será desrespeitado. Se hoje você faz sofrer (sem honestidade e integridade), amanhã o sofrimento chegará. O mundo gira, e se colocar no lugar do outro pode ser uma experiência dolorosa.

Aprendizado 5

Afinal, o que é o feminismo? — Um breve relato à luz de uma Sociedade Patriarcal

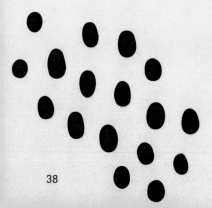

O assunto feminismo faz parte de muitas rodas de conversa. E não adianta ansiarmos por um consenso sobre isso. Não há. E não existe pela falta de conhecimento acerca do tema discutido, uma vez que quem critica o feminismo aponta a diferença de força física entre homens e mulheres e coloca no jogo se a conta do restaurante, então, tem que ser sempre dividida. Já escutei de muita gente a frase: "se vocês querem direitos iguais, então por qual motivo não dividir as contas também?". Ainda estamos na Idade das Trevas quando o assunto são os direitos das mulheres. Infelizmente.

De vez em quando, a gente se depara com uma publicação nas redes sociais que consiste na imagem de um caminhão carregado de sacos de cimento com a seguinte frase: "É feminista? Descarregue este caminhão de cimento e prove que homem e mulher são iguais". Sinceramente, eu me assusto ao ver esse tipo de comportamento e fico mais perplexa ao observar mulheres concordando com tal concepção. Infelizmente, nossa sociedade, ainda, é patriarcal, pois os homens têm um lugar primário e essencial, e as mulheres, secundário. Mas, afinal, o que é o feminismo? O que é o machismo? Feminismo e feminilidade são sinônimos? Qual a consequência de uma sociedade patriarcal para os homens?

O feminismo é um movimento político, filosófico e social que defende unicamente a igualdade de direitos entre mulheres e homens. Preconiza o aprimoramento e a ampliação do papel e dos direitos das mulheres na sociedade. Não é, como muitos pensam, de forma equivocada, um movimento sexista, ou seja, que defende a figura do feminino sobre o masculino, mas sim uma luta pela igualdade de gêneros. Portanto, o machismo não é uma ideia contrária ao feminismo. O machismo é a suposição de que os homens são superiores, enquanto o feminismo é a crença de que homens e mulheres são iguais.

Entre tantas conquistas do movimento feminista brasileiro, podemos citar o direito ao voto das mulheres, que, inicialmente, foi concedido somente às assalariadas e às alfabetizadas, a lei Maria da Penha, a lei do feminicídio, as políticas públicas de educação infantil, e as mulheres surgindo em posição de destaque e com poder econômico. Por causa do feminismo, as mulheres podem votar e comprar um bem sem a necessidade da assinatura ou da autorização de um homem. E as mães, obrigadas a se equilibrarem entre a vida profissional e os cuidados com os filhos, podem trabalhar, porque o acesso à creche em tempo integral é decorrente de uma mobilização feminina. Os homens jamais lutariam por isso.

Já a feminilidade é diferente do feminismo. É o conjunto de atributos, comportamentos e papéis, geralmente, associados às mulheres. Gentileza, empatia, carinho, doçura, tolerância, compaixão, bondade, ternura, sensibilidade e passividade são traços, tradicionalmente, ligados ao universo feminino, enquanto a força, a coragem, a agressividade e a independência são apontadas para os homens. Contudo, essas características, que não são universalmente idênticas, variam conforme o local e o contexto social e cultural de criação. Ademais, homens e mulheres podem exibir traços e comportamentos masculinos e/ou femininos.

Um importante questionamento nos devemos fazer: será que os homens não sofrem com uma sociedade patriarcal? A maioria de nós cresceu ouvindo que os meninos não choram, não podem demonstrar vulnerabilidades, tampouco agir de modos que pareçam femininos. Os homens são criados para dar em cima das mulheres sempre que possível, sufocar o que sentem, não levar desaforo para casa, aguentar o tranco e peitar a vida, como machos. Acontece que esse modelo nocivo de criação prejudica a autoimagem dos homens e as relações com as mulheres. É uma educação pautada para a desigualdade de gêneros, contribuindo para permanência da cultura de violência que afeta homens e mulheres.

Embora os conceitos de feminilidade e de masculinidade sejam construídos culturalmente, frutos de uma sociedade patriarcal, o fato é que existem diferenças biológicas inatas entre homens e mulheres. Os homens, via de regra, são mais fortes fisicamente. As mulheres são programadas biologicamente para gerar e amamentar um bebê.

O feminismo não prega a igualdade física entre os gêneros, não tem a pretensão de que os homens gerem os filhos e sintam as dores do parto, e não defende que as mulheres carreguem sacos de cimento, ainda que elas possam assim fazer, caso queiram. Certas diferenças ainda devem ser respeitadas. E, enquanto a nossa sociedade se manter patriarcal e machista, os homens silenciarão seus sentimentos, continuando a usar da violência como linguagem e as mulheres seguirão oprimidas.

Aprendizado 6

E quantos segredos
traz o coração de uma mulher?

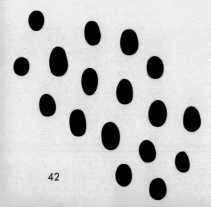

Durante a nossa jornada, conhecemos muitos amores. Alguns com pouca importância e de quem nos esquecemos rápido. Já outros permanecem em nossos corações, embora não façam mais barulho. Mas todos nós temos aquela pessoa, aquele ser humano que não importa onde esteja, qual caminho seguiu, está marcado como alguém especial na nossa história. Eu tenho alguém especial na minha história. Uma história excepcional da qual eu fugi e eu, realmente, sinto muito por ter sido tão covarde. Covarde pela falta de coragem.

Um dia, eu ainda vou contar toda essa passagem da minha vida, que foi linda, mas ficou no passado.

Enquanto preparo meu café da manhã em um domingo chuvoso em São Paulo, escuto a música "Sinônimos" na voz de Zé Ramalho. Quando toca o trecho "E quantos segredos traz o coração de uma mulher?", um arrepio atravessa meu corpo. Respiro fundo e respondo no meu íntimo: o meu coração traz muitos! Em segundos, aos 38 anos de vida, percorro meu passado, desde o início da adolescência, quando vivi meu primeiro amor, até o dia de hoje. É sobre amores vividos e/ou não vividos que pretendo falar. Aqueles que estão guardados dentro do meu e do seu coração. Confie em mim.

Esses amores certamente existem. Para alguns envolvimentos, damos publicidade. Outros optamos por manter no anonimato. No meu caso, de alguns dos meus amores minhas amigas sabem; de poucos, minha mãe; de um ou de outro, somente eu sei; além da minha psicanalista. Dizem ser o primeiro amor aquele que deixa marcas profundas no coração. Que lenda! No meu coração (e em todo o meu corpo), a marca profunda foi deixada nos meus 30 e poucos anos.

Recentemente, o amor de uma amiga se casou. E não, não foi com a minha amiga. Eu sofri junto com ela, pois revivi um período doloroso do meu passado. Recordei-me de todo um sofrimento de quando, também, perdi um grande amor por, simplesmente, não ter tido a confiança de dizer para ele o quanto eu desejava aquele relacionamento e o quanto eu o amava. O tempo passou. Minha coragem não apareceu. Meu temor prevaleceu. E meu amor também se casou. E não, não foi comigo. Traremos para a eternidade, minha amiga e eu, esses segredos em nossos corações.

"Nossa, Denise, você não viveu um amor por falta de coragem?", talvez você esteja me questionando. Minha resposta é positiva. A vida é cheia de caminhos escuros e de segredos. Aquele não era o momento. Ou será que eu, realmente, não tive a bravura necessária para assumir tal relacionamento? Minha psicanalista responderia de modo afirmativo a essa pergunta. Assim, toda vez que uma mulher me conta algum relato de amor, vivido e/ou não vivido, mundo afora, fico imaginando a quantidade de amores perdidos, de histórias sem continuação, de famílias não construídas e, principalmente, de corações agonizando.

A vida é bem melhor aproveitada quando amamos. Hoje, eu sou uma mulher que preza e incentiva a confiança de vivermos nossos amores e histórias: se você ama, se você quer determinada pessoa, diga! Afinal, é como dizem por aí: o "não" nós já temos, agora vamos atrás da humilhação! Além do mais, é pela falta de coragem que estamos negociando nossa felicidade e nosso futuro?! Entenda, por medo, você pode deixar de viver um grande amor, assim como minha amiga e eu.

A dor de um amor vivido e/ou não vivido passa com o decorrer do tempo. Ficam as boas lembranças, o carinho e a gratidão pelos aprendizados e amadurecimento. Confiantes do surgimento de um novo amor, seguimos vivendo. Porém, que nunca percamos a oportunidade de viver algo especial e que tenhamos a coragem necessária para apreciarmos nossas histórias.

É isso. Essas minhas confissões, em um domingo chuvoso em São Paulo, são apenas para falar para você não deixar de desfrutar de um grande amor por medo ou por falta de coragem. Não abrevie sentimentos. Viva. E, enquanto registro estas palavras, o meu coração está feliz, em paz e amando uma pessoa muito especial. Mas traz, em algum lugarzinho, muitos segredos.

Aprendizado 7

Tripla jornada da mulher.

Estamos juntas, queridas!

De início, pensei em escrever sobre as mulheres que não precisam ajudar no sustento do lar e que se dedicam integralmente aos filhos e à família de modo admirável. Sinceramente, eu adoraria ter mais tempo para a minha família e para mim; mas, como sou a mulher e o homem da casa, não tenho essa possibilidade. Este texto é para você, mulher, que desempenha diversos papéis na sociedade, que é separada do pai de seu filho ou, mesmo sendo casada, não consegue dividir todas as responsabilidades com o companheiro de forma harmônica. É para você que, muitas vezes, é chamada de "chata", porque, simplesmente, não entendem que apenas está exausta.

Todo final de ano, eu me questiono como consigo desempenhar todas as minhas funções e responsabilidades durante os trezentos e sessenta e cinco dias. Reflito sobre as dificuldades ainda existentes em ser mulher e se é normal estar sempre sobrecarregada. Sozinha há seis anos, na maior cidade do país, trabalho, cuido do meu filho, da minha casa, do meu bem-estar físico e emocional e tento, ainda, ter uma vida social. Deixar de me olhar como mulher é algo que não passa pela minha cabeça. E nunca passará! Mas confesso que, às vezes, sinto-me exausta e tenho vontade de chorar — e sei que não há nada de errado em assumir isso! Se você sente o mesmo, estamos juntas!

Amo minha rotina, porém o cansaço se faz presente em alguns momentos. Então, antes de redigir sobre o assunto, pesquisei muito a respeito, lendo estudos realizados pelo IBGE e conversando com diversas mulheres. Dessa forma, constatei que não sou a única a viver tal situação e não estou elaborando nada de modo a proteger o sexo feminino. Simplesmente, retrato essa dura realidade da mulher em nossa sociedade. Pesquisas realizadas confirmam que a mulher enfrenta tripla jornada, que engloba o cuidado com a casa, a sua vida profissional e com a família — o que inclui a responsabilidade com os genitores, pois estamos diante de uma população que assiste a um envelhecimento crescente.

"Casa, comida e roupa lavada" é uma promessa que as mulheres brasileiras gostariam que os homens cumprissem ao pé da letra. De forma proporcional, é claro! Estudos acerca da divisão dos afazeres domésticos revelam que a proporção de homens que dizem limpar a casa, lavar a louça, fazer supermercado e zelar pelos filhos até aumentou. Infelizmente, não é o que ouço de amigas e de mulheres com quem convivo. E, quando os homens compartilham as tarefas com as companheiras, querem elogios, como se merecessem ser premiados por algo que, desde os primórdios, sempre coube a nós como tarefa feminina, realizada em silêncio. Ou seja, exigem reconhecimento de tarefas realizadas que, para nós, sempre foram taxadas como obrigação.

As mulheres sempre se doam mais aos outros do que a si mesmas: colocam a necessidade da família acima das suas, sacrificando-se muito mais do que deveriam. Constatei, durante toda a vida, minhas avós e mãe fazendo isso como sendo algo inato, natural. Merece destaque o fato de que a taxa de realização de afazeres domésticos pelo gênero masculino é maior conforme o seu elevado nível de escolaridade e, consequentemente, menor de acordo com a baixa formação escolar. Não sei dizer se é uma questão de escolaridade, de consciência ou de criação familiar, mas a conclusão da investigação aponta que, aparentemente, os homens menos escolarizados pensam que as tarefas domésticas são de responsabilidade única da mulher.

Tenho uma amiga no trabalho que, recentemente, teve o segundo filho. Eu a considero uma mãe muito dedicada e atenciosa. Contudo, outro dia, ela, quase chorando, confessou, para meu espanto, sentir-se uma péssima mãe. Na concepção dela, todas as outras mulheres conseguem trabalhar fora, cuidar dos filhos e da casa de forma exemplar, mas ela sentia-se frustrada por não se enquadrar nesse contexto, nessa ideia errônea. Ela não se permitia "falhar", termo esse pesado demais para quem está além dos seus limites. Na verdade, crescemos acreditando que devemos ser capazes de fazer tudo. Porém, o rótulo da "supermulher" é muito cômodo apenas para os maridos e para a sociedade, uma vez que prejudica nossa autoestima, quando parece que não damos conta do recado.

Você, homem, incentive o seu colega a dividir as responsabilidades da casa e a passar maior tempo com os filhos. É apenas uma questão de planejamento e de parar de inventar desculpas. Os pais que não convivem com os filhos estão perdendo uma boa parte da vida por não vê-los crescendo e, também, a admiração da companheira. Você, mulher, tenha a consciência de que não é normal estar sempre sobrecarregada, pois isso afeta sua saúde física e mental. E, quando encontrar outra nessa situação, não julgue. Acolha! Infelizmente, não resolveremos esse problema que o universo feminino enfrenta, há milhares de anos, em pouco tempo. Mas é preciso começar! Precisamos nos unir, pois tabus e preconceitos enraizados apenas se fazem presentes para serem quebrados!

Aprendizado 8

As amizades que o tempo não leva

Como se o tempo não tivesse invadido nossas vidas: esse é o sentimento que tenho quando encontro meus verdadeiros amigos. Porque as verdadeiras amizades o tempo não nos rouba. Obrigada, Colegial 2000, pelas melhores lembranças da minha vida!

A última vez que nos encontramos, no casamento de um grande amigo, de quem tive o privilégio de ser madrinha, eu ainda os olhei com o mesmo carinho e como se, até aquele momento, estivéssemos no Colegial. Naquela época — 22 anos atrás — não faltava viço, conexão e companheirismo. Sobrava afeto. Éramos cúmplices — na verdade, somos até hoje, pois ninguém contou para a professora de Biologia[4] quem "furtou" a prova em que todos tiraram nota alta. Éramos adolescentes. Hoje estamos próximos dos 40.

Íamos ao colégio de segunda a sexta-feira. No final de semana, fazíamos churrasco ou nos encontrávamos na sorveteria do Nassibo, na praça São João, na cidade de Monte Aprazível/SP. Tinha a turma do fundão. Teve a história da flecha, motivo pelo qual alguns foram para fora da sala de aula — injustamente, inclusive eu. Alguém estourou uma bomba no banheiro masculino (sim, sabemos quem foi, mas jamais o entregaríamos!). De vez em quando alguém produzia na casa dos pais ou dos avós uma brincadeira dançante — estilo bailinho — em que a finalidade precípua era o beijo na boca e o amasso mesmo. Um casal e, por consequência, uma linda família saiu da turma. São inúmeras nostálgicas histórias. Impossível contar e se lembrar de todas.

Acho que nunca havíamos demorado tanto para nos reencontrar. Além de cada um ter seguido o seu caminho, passamos a morar em cidades diferentes e teve a pandemia. Ainda, a própria vida nos sobrecarrega com demandas que dificultam o encontro presencial. Para a nossa sorte, a tecnologia trouxe o WhatsApp. Acabamos nos acostumando com a comunicação por essa rede social. No Grupo "Colegial 2000", parabenizamos os aniversariantes do dia, compartilhamos tristezas, alegrias e brincadeiras. Eu adoro me divertir com o Paulo, falando que ele é "meu sonho de consumo".

---

[4] Dona Vivien Laguna faleceu em dezembro de 2021, aos 79 anos de idade, na cidade de Monte Aprazível, ser humano por quem sempre tivemos muito carinho e respeito.

Eu não conversava pessoalmente com o Igor Nazareth, que hoje reside em Brasília, há uns dez anos. Abraçamo-nos e dialogamos com o afago de sempre. Expliquei a tese de mestrado que pretendo elaborar. Ele me ofereceu ajuda. Rafael terá mais um filho. A Carol está feliz morando em Rio Preto. A Lili continua uma amiga maravilhosa e sincera. E o Bruuuno se casou! A vida foi generosa ao me presentar com esses amigos. Apenas não foi, quando levou a Daniela.

Percebi, durante a festa de casamento, o envelhecimento físico e o amadurecimento dos meus amigos. Notei os meus também. Nossos rostos já têm rugas, já perdemos o viço da pele, ganhamos vincos e alguns perderam o cabelo. Mas nossos olhos ainda são faiscantes e para sentir o carinho basta a troca de olhar e o abraço apertado. Quando se é de verdade, não há dificuldade na manutenção de uma amizade, por mais que os anos escoem. Hoje cada um tem uma vida, todos são independentes, inteligentes, fortes e com muito valor. Não faltam superlativos para eles. Fizemos brindes, atualizamos a foto da turma, sorrimos o sorriso que a amizade nos deu e confirmamos que o tempo não afastou nossa amizade. Espero não demorar para ver meus amigos novamente.

Muito carinho e muito amor por vocês: Alexandre Montanare, Ana Carolina Borsato, Ana Carolina de Sá, Ariane, Brunna, Bruno Alcazas, Bruno Brambila, Bruno Nagata, Daiana, Dani (*in memoriam*), Darlan, Débora, Deise, Elis, Ênio, Fernando, Flávio, Ígor Paiola, Ígor Nazareth, Isabel, Jaqueline, Gustavo, João Álvaro, José Eduardo, Juliana, Juliano, Liliane, Lucas, Marcelo, Marcão, Corks, Marcus Vinícius, Maria Érica, Maria Eugênia, Mariana, Marina, Milene, Mirella, Patrícia, Pri Bote, Pri Canheo, Rafael Gomes, Rafael Oliveira, Rafaella, Raphael Silvestre, Rogério, Sarita, Suéllen, Suzana, Thaísa, Thiago Ferreira e Wanessa.

Aprendizado 9

Nossos pais não são eternos?

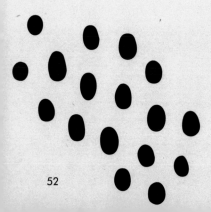

Durante a pandemia, eu fui ao encontro da pior conclusão da minha vida: meus pais não são eternos. Impossível não se sentir afetada pela quantidade de vezes que a palavra "morte" foi anunciada na TV e na internet. Por um tempo, eu fiquei emocionalmente mal e voltei para a terapia. Durante as sessões, enxerguei o quanto estava distante da minha família. Nossos pais devem estar no topo da pirâmide de prioridades da nossa vida. Cada abraço que damos nos nossos pais pode ser o último. Cada visita pode ser a última. Assim como o Natal e os aniversários que ao lado deles passamos. Obviamente, assim como nós, nossos pais não foram e não são perfeitos. Mas não há pais que não errem tentando acertar. E precisamos entender que nossos pais não nos deram tudo o que pedimos; mas deram tudo o que puderam. Nossos pais não são eternos?

Não, não são. Quando criança, eu me perdi dos meus pais em uma loja de móveis no interior de São Paulo. Foram segundos de desespero e de sentimentos de abandono, de solidão e de insegurança. Sensação de uma queda livre em um buraco sem fundo e muito escuro. Sem paraquedas. Saindo da literalidade dessa metáfora e voltando para a nossa realidade, concluir que meus pais não são eternos, e que um dia partirão desta vida, foi um aprendizado doloroso adquirido durante a pandemia. Essa minha comparação foi bem banal (eu sei!), pois, com certeza, nada se equipara a esse momento. Um afogamento, talvez, seria um exemplo melhor.

Desde março de 2020, penso ter envelhecido e amadurecido uns dez anos. Covid-19. Pandemia. Isolamento social. Mortes. Medo. Pavor de sair na rua, medo de perder meu filho e, principalmente, meus pais. Mas, espera aí: meus pais não são eternos? Foi nesse contexto pandêmico que, pela primeira vez, eu realmente refleti seriamente sobre o assunto. Pode acreditar! E você? Já considerou que a casa dos nossos pais é o único local aonde vamos sem marcar hora ou pedir permissão e que um dia esse privilégio vai acabar?

Em fevereiro de 2021, durante um jantar, Suzi, minha amiga desde a infância, e eu falamos muito sobre a importância dos nossos pais. Por vezes, nossos olhos ficaram marejados de tanta emoção.

Quando ela me perguntou o que faríamos das nossas vidas quando eles se fossem, respondi que nem queria pensar no assunto. E dei por encerrada a conversa. Mas a vida nos reservou uma fulminante surpresa. Tim, pai da Su e da Rita, esposo da Dora, avô da Isa, do Gustavo e do Gabriel, faleceu meses depois em decorrência de complicações da Covid-19. Sabe aquele impacto de afogamento — falta de ar, dor no peito? Então! Su e eu choramos em demasiado pelo telefone, quando ela me ligou dando a notícia. O meu pai ainda tem a certeza de que o Tim volta...

Recentemente, meu filho e eu pegamos um voo para o interior de SP. No aeroporto, meus pais estariam à nossa espera. Com as decolagens atrasadas, o piloto informou uma demora de 30 minutos para sairmos. A bateria do meu celular tinha acabado, pedi ao Pedro para avisar, no grupo da Família — que se chama "FAMÍLIA", acerca do atraso. Logo em seguida, bati meu olho no celular de uma passageira à minha frente, que enviava mensagens no grupo "Família". Não foi diferente quando olhei para o celular do viajante ao lado. Com certeza, todos comunicavam aos pais ou membros da família sobre a impontualidade do voo. Naquele momento, pensei: o diamante mais precioso deste mundo é a Família.

Assim como eu, você também não deve ser a mesma pessoa depois dessa pandemia. Na vida, estabelecemos um roteiro, mas não estamos no comando de tudo. Somos simples copilotos. O tempo é imprevisível. Nossos pais não são eternos. Infelizmente. Mas não podemos enxergar a morte como uma ameaça. A morte é uma advertência: visite e ligue mais para os seus pais. Abrace-os. Se soubéssemos o valor que há em uma simples ligação para nossos pais e, ainda, sermos atendidos por eles, faríamos isso mais vezes. E a maior burrada que podemos fazer é deixar para dizer "eu te amo" ou ofertar um simples abraço quando eles já não estiverem mais aqui. Um dia, nossos pais serão saudade.

Dedico este artigo para o Thiago Ferreira, cuja mãe faleceu no dia 10/7/2022; para Liliane Cristina Pauleti, pois o Reinaldo faleceu no dia 23/7/2022; e para a Família Berger Pereira.

Aprendizado 10

A era dos cabelos brancos

Você, assim como eu, está tentando administrar o envelhecimento?

"Dê, você está preparada para a era dos cabelos brancos?", ele me perguntou. Fiquei em silêncio por alguns segundos. Fiz o sinal de não com a cabeça. Continuei em silêncio por mais um momento. Perguntei: vai demorar muito para isso acabar? Rimos. Fechei os olhos. Reconheci o peso da idade. De fato, já tenho fios brancos há algum tempo. E não são poucos. Herança do meu pai. O envelhecimento tem um peso diferente para as mulheres. E não é estranho que seja assim, pois, afinal, a cultura do patriarcado alimenta a ideia de que mulher bonita é mulher jovem e em forma. Enquanto o Vinícius continuava nos cuidados dos meus cabelos, eu conectava, tentava fazer uma ponte entre os meus nada desejados fios brancos, a partida da minha juventude e a minha maturidade. Serena e quieta. Sem sofrimento (Mentira!).

A crise da meia-idade já tomou conta de mim há algum tempo. O cabelo branco não é o único incômodo com o passar dos anos. O reflexo ao qual assisto quando encaro o espelho mexe em demasiado com a minha autoestima e me esclarece que não sou mais uma menina no alto do seu colágeno. Cada vez que olho meu rosto no espelho, penso: preciso de laser, de botox e de ácido hialurônico. O mesmo acontece quando avisto minha barriga e minhas coxas: necessito caprichar mais nos treinos, careço cuidar mais da minha alimentação, não posso comer mais doce, tampouco tomar álcool. Pois é, estou envelhecendo e o meu colágeno já está de malas prontas. Não demora, ele — o colágeno — vai partir para nunca mais voltar. O que não faltam são motivos para entender que não sou mais tão jovem — fisicamente falando.

Esse meu comportamento, de reparar mais em mim, intensificou-se no período da pandemia da Covid-19. Bateu o desespero. Reconheço. Um homem com o cabelo grisalho é tido como charmoso. A mulher é taxada de velha. Tentando lidar com essa etapa da minha vida, marquei um bate-papo com minhas amigas do trabalho, Alexandra e Kelly, e fiz uma chamada de vídeo com uma amiga do interior, a Suzi de Paula. Eu precisava de ajuda. E notei, no decorrer das conversas, que todas vivenciavam o mesmo momento que eu.

"Denise, não é fácil começar a envelhecer. O corpo muda. É uma luta que não tem como vencer. Não tem como vencer. É preciso aceitar." Ouvi essa frase da Kelly. A Suzi me disse que tinha a opção de lamentar, mas não agiu desse modo, porque o tempo iria ganhar. Confessou-me, também, o único medo do envelhecimento é o de não realizar os sonhos, e que, nesse processo todo, aprendeu a não se importar tanto com a opinião alheia, pois sabe do seu valor e aonde quer chegar. De modo geral, todas começaram a sentir o peso do tempo antes dos 30 anos, fazendo o uso de ácidos, repondo colágeno, pedalando, correndo, intensificando os treinos. Têm o pânico do envelhecimento, porém se sentem lindas e muito mais seguras do que antes. A gravidade existe. Ela vai atuar no nosso corpo e fazer tudo cair. É realmente loucura sofrer ao lutar contra as leis da física, pois, em algum momento, nossa pele vai desabar.

Geralmente a crise do envelhecimento me atinge aos sábados à noite. Eu marco de encontrar minhas amigas em certo horário e logo mando mensagem avisando que vou atrasar, pois a crise da idade bateu. O que isso significa? Que nenhuma roupa fica boa no corpo e que a pele do rosto não é a mesma, gerando um trabalho maior no momento da maquiagem. Não estou sendo hipócrita ao escrever isso. Sei que minha genética é privilegiada (obrigada, mãe!), mas é angustiante lutar contra o tempo. E, como levo todo assunto que me incomoda para a terapia, quando minha psicanalista perguntou se eu trocaria a maturidade que possuo e o conhecimento que tenho da vida hoje por aquele que eu tinha aos 18 anos, minha resposta foi negativa. Por quê? Os benefícios do envelhecimento são inúmeros. Com a era dos cabelos brancos, nasce a maturidade. E a maturidade converte os anos em experiência, em sabedoria, em intelectualidade e, principalmente, em segurança.

O envelhecimento me trouxe inúmeros conhecimentos, principalmente na tomada de decisões com maior equilíbrio e discernimento. Com a maturidade, percebi o que merece e o que não merece a minha atenção. E isso se aplica a pessoas, ideias e sentimentos.

Amadurecer, no melhor sentido da palavra, significa saber escolher: selecionar com o que e com quem gastarei meu tempo e minha energia. A idade me ensinou a não tentar mudar a opinião do outro, mas sim a confrontar, respeitosamente, nossos pontos de vista, sem esboçar contrariedades. A maturidade afastou a impulsividade da adolescência e transformou meu olhar para ver o que realmente importa. A maturidade me ensinou que eu sou muito mais do que um corpo com a pele esticada ou não, e que ela atua como uma bússola apontando o melhor caminho a ser seguido. Meus cabelos brancos garantem que não preciso obedecer a tabus sociais, tampouco ser influenciada pela opinião alheia. Envelhecer é, fisicamente, assustador sim. Porém, para além, recompensador.

Aprendizado 11

O fardo da mulher divorciada

E não me venha dizer que os tempos são outros!

Um dia você acorda e, simplesmente, possui o status de divorciada. Pior do que essa casta, somente mesmo é o termo desquitada. Se já não bastassem as doloridas consequências da separação, a sociedade ainda gosta de apontar o dedo e de julgar a mulher divorciada. Os olhos julgam. As atitudes julgam. E não adianta ninguém falar que os tempos são outros, que é coisa do passado, porque não é não. Há quase dez anos, eu senti o julgamento. Uma amiga sente esse peso em pleno ano de 2022. Porém, admito: o julgamento não é apenas da sociedade. Em certo momento, eu mesma me julguei e me sentenciei. Coloquei-me, de um lado, como opressora e, de outro, como vítima. Vamos a três resumidos acontecimentos.

Cerca de nove anos atrás, um mês após o meu divórcio, a mãe dos gêmeos Thomas e Arthur, amigos de colégio do Pedro, convidou meu filho para passar um sábado em sua residência. Financeiramente, eu estava zerada. O aplicativo de transporte Uber ainda não era uma realidade no Brasil (por curiosidade, chegou no ano de 2014), e eu não tinha dinheiro para táxi. Pedro e eu pegamos um metrô até a estação das Clínicas. Depois caminhamos por volta de 20 minutos até a casa dos amigos, que ficava em Pinheiros. No exato momento em que deixava meu filho, um casal, cujos filhos estudavam com o meu, também os levavam para brincar. Eles tinham conhecimento do recente conflito familiar.

O sol estalava no céu. Fazia muito calor naquele dia. Marido e esposa nem saíram do carro, com o ar-condicionado ligado, quando os filhos desceram (eu também não teria descido). Carlos, o genitor, me perguntou se eu gostaria que levassem o Pedro para casa quando fossem buscar os respectivos filhos. Respondi afirmativamente e agradeci. Então, ele me falou: "anota o meu contato e, quando estivermos chegando, te aviso". De forma abrupta, a esposa, em voz alta, exprimiu: "não, não, anota o meu contato!". Foi uma situação bem constrangedora. Fiquei com vergonha e traumatizada com o ocorrido. Em tempos anteriores, ela e eu sempre nos relacionamos muito bem. Ficou claro, para mim, o ciúme, assim como ser a mulher divorciada uma ameaça para a casada.

Maria, uma amiga do trabalho, é julgada, de forma reiterada, pelas tias. A família, a própria família, retirou-lhe a dignidade, quando ela decidiu divorciar-se. Depois da ruptura, as tias, que consideravam o marido um ótimo partido, não a convidaram mais para os almoços de domingo. Mal sabem que o ex da minha amiga era um alcoólatra e a agredia física e emocionalmente. A história de Maria não é a única. É recorrente a experiência de se evitar a separação e manter o casamento, mesmo que determinadas situações sejam insustentáveis, justificadas no temor de ser vista como uma mulher divorciada.

Passado um tempo após a minha separação, fui a um casamento na cidade de Nhandeara/SP com meus pais. Meu filho nos acompanhou. Minutos antes de sairmos, eu estava tensa, pois os amigos de longa data dos meus pais veriam a filha separada. Para tentar disfarçar, coloquei um anel da minha mãe na mão esquerda. Sim, eu tinha vergonha da separação, embora ninguém soubesse o sofrimento pelo qual passei, tampouco pagasse minhas contas. Era algo recente e eu queria evitar aquele olhar crítico para os meus pais do tipo: "coitados, uma filha divorciada!". Tudo era coisa da minha cabeça, pois aquela família jamais olharia assim para os meus pais. O casamento do qual participamos acabou meses depois e ligaram para os meus pais contando. Foi aí que vi que o preconceito e o julgamento também estavam implícitos dentro de mim.

Para a sociedade, pior do que uma mulher solteira aos 40, é a divorciada. Por um ano, após o meu divórcio, escondi-me dentro de casa. Tentei me ocultar do mundo. Quando se é uma mãe divorciada, é preciso coragem para ir na festa da família, no colégio do filho desacompanhada — eu também passei por esse aprendizado, porque muitos me olharam de modo diferente. Quando nos separamos, a coletividade nos afasta o brio, a honra, o respeito. É nítido que o fardo mais pesado da cobrança de condutas e de comportamentos em face da separação recai sobre as mulheres. Caso você discorde, te digo: ou você é homem ou uma mulher que nunca passou por essa vivência.

Finalizo este texto parafraseando Samer Agi[5]: "Quem nunca teve uma empresa não sabe o que é ser empresário. Quem nunca

---

[5] Advogado, ex-juiz de direito, ex-delegado, professor e escritor.

estudou para concurso não deve criticar quem estuda. Quem nunca foi casado não pode dilacerar com a língua quem se divorcia. Apontar o fracasso do outro nos projetos que não tivemos coragem de executar é o ápice da covardia". Assim, mulheres divorciadas, que nunca permitamos pensamentos discordantes a respeito da nossa vida, da nossa alma, da nossa integridade e, especialmente, do nosso valor. Hoje, tenho orgulho do meu status, pois ele representa tudo o que não sou: uma mulher covarde.

Aprendizado 12

Adolescência aos 40?

CORAGEM

A linha tênue entre o "eu não tenho mais idade para isso" e o "mas também não estou morta".

Essa nossa fase da adolescência vai demorar muito para passar? Poderia resumir com essa pergunta o momento de vida em que minhas amigas e eu estamos. Mas o verbo resumir não combina com a abrangência da sequência de emoções que grita em nossos corpos atualmente. Aonde vamos hoje? Como vocês estão vestidas? Não estamos velhas para irmos a esses lugares? Vamos pedir gim? Por que os novinhos "chegam" tanto na gente? Eu tenho idade para ser mãe dele, poxa! Vamos pedir para tocar "Cheia de manias"? Que tal comprarmos umas saias mais curtas? Chegaram bem em casa? Se por um lado nos questionamos e nos julgamos muito, por outro, afirmamos: existe vida lá fora! A gente precisa viver! Estamos simplesmente resgatando uma época perdida! Que bom que acordamos a tempo! Voltamos à vida!

Kelly, Alexandra e Denise. Três divorciadas, quarentonas, que se conheceram no ambiente de trabalho e que, em claro exercício de empatia, passaram a compartilhar alegrias e angústias particulares. Nossas histórias de vida e de relacionamentos abusivos nos conduziram a esse encontro. Durante a semana trabalhamos muito e temos grandes responsabilidades nos nossos afazeres. Rolam plantões em alguns finais de semana também. Apesar da nossa amizade, não misturamos as estações. Nosso comprometimento com o ofício e o respeito recíproco permanecem intactos. Criamos o grupo de WhatsApp qual denominado de "Superpoderosas", e é o local onde formamos uma rede de apoio muito forte. Através dessa união, emergirmos da ingenuidade e nos tornamos mais sábias.

"As meninas Superpoderosas" é um programa de TV, em que três irmãs foram criadas, acidentalmente, em um laboratório, com a missão de combater malfeitores. O que temos em comum? Nossa amizade também foi acidental, de forma gradativa, ao passo que cada uma ia terminando os relacionamentos. Em comum, também, minhas amigas e eu nos casamos muito cedo, seguindo o padrão imposto pela sociedade a nós mulheres: comportar-se como mulheres submissas e, especialmente, fechando os olhos aos maus-tratos de companheiros tóxicos. Fomos reprimidas durante uma fase da vida. Ao invés de vivermos livremente, passamos a existir falsamente. Contudo, nesse ínterim, deixamos de viver uma fase importante: a adolescência. Se uma das regras fundamentais do tempo é a de que a verdade sempre aparece, eu ouso afirmar que pular essa etapa é um erro gigantesco.

Recentemente, meu filho, em uma sexta-feira, falou que amigos tinham-no chamado para um "social". A palavra era nova para mim. Mas eu entendi o evento. Sem demora, aconselhei-o a ir. Pedro passou dois anos da adolescência preso dentro de casa por causa da pandemia da Covid-19. E, por tudo isso, procuro estimular ainda mais os encontros com os amigos. Ele sabe que pode receber quem desejar em casa. É óbvio que não é fácil ficar esperando o filho chegar da balada, ainda mais em uma cidade tão grande como São Paulo. Mas, se ele não curtir a fase mais importante da vida, vai, aos 40 anos, ter os mesmos desejos e anseios que possuo hoje. A adolescência é uma fase de grande transformação social. É quando iniciamos os namoros e criamos fortes relações de amizade. Vá para quantos sociais você quiser, meu filho!

Fui condicionada a ter preconceito com mulheres namorando homens mais novos. Nessa minha segunda adolescência, tenho aprendido consideravelmente: um dos aprendizados é que a diferença de idade entre um homem e uma mulher é apenas um número. Na verdade, quem me esclareceu isso foi um rapaz de 20 e poucos anos, numa balada. A cena foi a seguinte: ele se mostrou interessado por mim. E, como eu nunca vou perder meu bom humor, brinquei dizendo que a mãe dele o aguardava lá fora. Ele olhou nos meus olhos fixamente e disse: a idade é apenas um número. Hoje, sei que, se eu quiser me relacionar com alguém mais novo, tudo bem! Velhas ideias e estruturas queimaram dentro de mim, ao mesmo tempo em que descobertas e liberdades nasceram. Ah! Eu não beijei o novinho, caso essa curiosidade tenha surgido. Pelo menos não esse novinho...

Estariam nossos corpos de adultos com almas de adolescentes? Não sei, mas percebo a posse do privilégio de ninguém pagar nossas contas e de sabermos que as consequências dos nossos atos serão arcadas por nós mesmas. O tesão e a paixão pela vida renasceram em nós de um modo magnífico. Quando me deparo com uma mulher mais velha, divorciada, confiante, feliz e curtindo a vida de cabeça erguida, penso: mais um exemplo a ser seguido! Que bom encontrar mais uma mulher plena. É um alívio encontrar uma mulher que vive sem colocar expectativas na aprovação alheia.

Temos em torno de 40 anos, sim! Vivemos na maior cidade do Brasil, com um ritmo louco e muitas pressões. Às vezes, é importante reviver os 18 anos, relembrar épocas mais simples em que o melhor da vida era dar uma volta com as amigas, estudar para a prova da faculdade, tomar um simples sorvete aos domingos, divertir-se com seus amigos. No seu próprio apartamento. Com as contas pagas. Sem dar explicação para ninguém.

Embora eu ainda tenha muito a evoluir, iniciei a minha libertação dos padrões ordenados pela sociedade. Não precisamos viver aprisionados às nossas crenças. Podemos, com coragem e discernimento, compreender que a vida, com seus caminhos incertos, está nos ensinando a buscarmos nossa felicidade e, por consequência, alforriando-nos. Assim, entre optar por dar importância ao que a sociedade pensa da gente, escolhemos, simplesmente, a vida. E se você é solteira ou divorciada, não deixe de levar pessoais especiais ao sair em um sábado à noite: suas amigas. Elas fazem toda a diferença no nosso bem-estar. Kelly e Alê, quando nossa adolescência vai passar? Ao lado de vocês, eu espero que nunca. Que Deus nos proteja no carnaval.[6]

---

[6] Este texto foi escrito ao som de "Cheia de manias", do grupo musical Raça Negra.

Aprendizado 13

Os livros julgados pela capa

No início da minha 4ª série, aos 11 anos de idade, a professora fez um sorteio entre todos os alunos, de modo que cada um compraria um livro da Coleção Vaga-Lume. Durante o ano letivo, faríamos um rodízio e, ao final, teríamos lido todos os exemplares adquiridos. A série dos livros contempla, hoje, mais de 100 títulos, entre os quais *A ilha perdida*, *A turma da Rua Quinze*, *O escaravelho do Diabo*, e muitos outros. Na época, fui sorteada com o exemplar *Zezinho, o dono da porquinha preta*. Na capa — da qual não gostei logo de cara, um menino loiro e triste abraçado com uma porca, enquanto esta amamenta os filhotes. Briguei com a professora, a D. Cecília, negando-me a comprar o livro. Mas não teve jeito. O sorteio estava feito. Não me pergunte o motivo pelo qual eu não curti a capa. Eu não tenho a resposta.

Apesar de ter comprado o *Zezinho, o dono da porquinha preta*, teimosa, foi a última obra que eu li. Ao final do ano, lembro-me de ter pedido desculpas para a professora e agradecido pela leitura. Se você ler, também vai agradecer. Na obra, o escritor conta uma emocionante história de afeição do menino Zezinho pela porquinha preta, a Maninha, de quem ele cuidou desde que ficou órfã. O pai de Zezinho, homem bravo, queria vender a porquinha. O amor de Zezinho pelo animal de estimação é tão grande que, sozinho, cria estratégias impeditivas para o pai não separá-lo de Maninha. É uma história de generosidade e de amor que regem os laços humanos. Recordo-me de ter chorado muito ao final do escrito.

Etimologicamente, julgar significa supor, avaliar, imaginar, pressupor ou presumir algo. Rotineiramente, nós avaliamos pessoas e somos avaliados por pessoas. Habitualmente, julgamos um livro pela capa, principalmente, quando realizamos esse ato com a aparência física e a vida de nossos semelhantes. E, recentemente, com o surgimento das redes sociais, pressupomos como seja a vida de um indivíduo simplesmente pelas fotos e pelos vídeos postados. Porém, pior do que pressupor é sofrer achando que a vida do outro é perfeita. É sentir inveja. Hoje, as redes sociais são capas das nossas vidas, pois mostramos tão somente a nossa camada externa e polida.

Todos nós, o tempo todo, avaliamos e tiramos conclusões sobre o que está acontecendo ao nosso redor. Inegavelmente, todos somos juízes da vida alheia. Julgamos as pessoas pelas roupas, pela cor da pele, pelo estilo, pelo físico, pelo cabelo, pelo carro, pelo celular, pela opção sexual, pela linhagem familiar. Mas nada disso define o caráter de alguém. Julgando um livro pela capa, corremos o risco de perder histórias incríveis, como eu quase perdi ao me negar o livro anteriormente citado. Arriscamo-nos em não experimentar uma comida deliciosa pelo simples fato de o restaurante ficar em um bairro não nobre da cidade ou possuir uma fachada simples. Corremos o risco de ser injustos com alguém, de perder amizades e, também, de não viver um lindo relacionamento, um inesquecível amor.

Da mesma forma, postagens feitas nas redes sociais não representam as nossas realidades, responsabilidades, dores e lutas diárias. Através da rede social, a gente sempre acha que a vida do outro é mais fácil e melhor do que a nossa, ou que as conquistas do outro caíram do céu, sem nenhum sofrimento ou batalha. É uma autossabotagem acreditar nessa falácia. Ninguém tem a pele tão divina quanto no Instagram. Ninguém é tão feliz, tão simpático, tão nobre e tem a vida tão perfeita e completa quanto no Facebook. E, por fim, nenhum casal se ama tanto quanto na rede social. Rede social não é vida real.

Aprendizado 14

Por que você me abandonou?

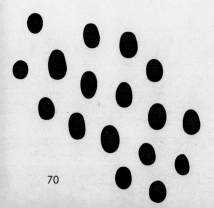

Daniela, a gente nunca combinou isso não!

Para Daniela Cristina Bonfim Prioli.

Uma grande perda. Uma dura lição. E a saudade é cruel. Em uma sexta-feira à noite, Liliane me ligou avisando que nossa amiga Daniela havia sido internada. O motivo? "Aquela doença" que tanto apavora a todos. Exatos 30 dias depois, em um domingo de manhã, Liliane novamente me telefona. Aos prantos, me dá a terrível notícia. Bruno, nosso amigo em comum, e eu rodamos 500 km, até o interior de São Paulo, para nos despedirmos.

Perder minha melhor amiga foi uma das maiores dores já sentidas. Ainda hoje, passados cinco anos, se eu começo a falar da Daniela, logo choro. É mais forte do que eu. É surreal, sabe? Ver uma amiga, com quem eu vivi por mais de 20 anos e tive todas as experiências da juventude, ser enterrada. Foi um pesadelo do qual, infelizmente, eu acordei. O curso natural da vida foi alterado.

Daniela sonhava em se casar. Casou-se e me deu a honra de ser madrinha do enlace. Obrigada, Lenon, pela realização desse sonho da minha amiga.

No dia seguinte ao óbito da Daniela, eu me encontrava muito angustiada e fui ao Ibirapuera respirar. Eu precisava respirar. O local estava vazio. Era uma segunda-feira por volta das nove horas. Pedi dispensa do trabalho. Sentei na beira do lago, toda a história da nossa vida em comum passou pela minha mente e uma pergunta surgiu: e se eu nunca tivesse conhecido Daniela? Se eu nunca tivesse vivido com Daniela, não teria aprendido sobre amor ao próximo, sobre amizade verdadeira, e, certamente, este livro não existiria.

Depois que Daniela partiu, muita coisa mudou na minha vida. Como eu já escrevi em outro texto, foi preciso perder a minha melhor amiga para começar a realizar os meus sonhos. Eu vou sempre sentir saudades dela, passe o tempo que passar.

"Fecho os olhos para não ver passar o tempo. Sinto falta de você..."
(Roberto Carlos, Amor Perfeito)

No momento atual, você e eu estamos em lugares completamente diferentes. Eu não posso te ver, embora te sinta constantemente. Quando penso em você, o que ocorre diversas vezes ao dia, o nó na garganta se faz presente. Estou errada em sentir que você me abandonou? Às vezes, eu fico bem revoltada, brava com você e, sozinha, solto: Pooorra, Daniela, precisava ter feito isso comigo? Peço desculpas, e depois que a inquietação passa, compreendo que você não queria ter partido. Afinal, amava viver. Mas eu me sinto abandonada sim. Admito. Aquele domingo da sua partida, que amanheceu ensolarado, logo ficou nublado. Pelo menos para mim. Quando recebi a notícia, foi como se eu caísse de um penhasco. E, desde então, eu aprendo a suportar a dor do seu descanso e a enfrentar o vazio deixado por você.

Sinto saudade. Sinto vontade de te abraçar bem forte e de falar sobre as minhas decepções, felicidades, loucuras e planos. Eu amadureci muito como mulher, Dani. Você ficaria orgulhosa da sua amiga aqui, assim como você sempre disse que era! Mas orgulho mesmo tinha eu de você: uma pessoa que apenas distribuiu amor neste mundo. Saiba que você continua distribuindo amor, pois, depois da sua partida, nossos amigos se uniram mais, principalmente a Lili, Daiana, Ariane, Pri Canheo e eu. Amiga, o milagre aconteceu: o Bruno se casou. A Letícia, esposa dele, é uma querida. Fui madrinha de casamento deles, e no dia da cerimônia, senti muito a sua presença (e segurei o choro!).

Sinto vontade de voltar no tempo. Rememoro nossa adolescência, nossas festas, carnavais no Tuta, e o quanto esperávamos pelos bailes do Havaí. Lembro-me dos nossos passeios aos domingos na represa. E o quanto tomamos sol no Irecê comendo Fandangos? Lembro-me de quando assistimos ao filme Titanic em Rio Preto, e você saiu inchada do cinema de tanto que chorou. Lembro-me da nossa promessa de sermos madrinhas de casamento uma da outra. E as promessas foram cumpridas!

Lembro-me de você contando a história da flecha, e de como eu fui mandada para fora da aula de Biologia sem culpa. A gente ria muito dessa história, porque eu fiquei muito brava com aquela injustiça! Lembro-me do nosso acampamento em Suzano, e "daquele vinho" que jamais abrimos. Lembro-me de quando você me disse qual era a sua missão aqui na Terra e, como eu já lhe falei um dia, você a cumpriu perfeitamente. Apenas espero que valorizem todo o amor e o carinho dados.

Lembro-me do quanto você se preocupava comigo por eu morar sozinha com o Pedro aqui em São Paulo. Fica tranquila. Está tudo bem! Pedro está mais alto do que eu e é um filho muito companheiro. Eu me lembro de tudo. Que pena você não estar mais aqui. Queria te contar os meus planos para este ano: vou lançar um livro. O meu primeiro livro. Saiba que jamais vou te esquecer. Meu filho crescerá sabendo do valor da nossa amizade.

Dani, queria você aqui. Queria conselhos. Queria entender alguns sentimentos, e sei que você, minha psicóloga, me ajudaria. Amiga, é difícil encontrar sua mãe e segurar o choro! Você não imagina o quanto! Mas ela e eu nos entendemos pelo olhar e seguramos as lágrimas. Logo depois da sua partida, eu fui ver sua mãe na farmácia da Érica. Enquanto a aguardava, sentada na poltrona da entrada, mantive as lágrimas presas. Falei para mim mesma: "Denise, comporte-se! Você não pode chorar!". Mal sabia eu que não mandava nos meus sentimentos. Sua mãe e eu nos abraçamos e choramos, juntas, por alguns minutos. A verdade é que o tempo pode até diminuir a dor, mas nunca curará sua falta.

Eu não acredito que não posso mais te ligar, mandar mensagem via WhatsApp ou curtir suas fotos no Instagram. Depois que você se foi, eu ouvi suas mensagens de áudio várias vezes. Escutar sua voz me reconforta um pouco. Ninguém me ensinou, Dani, que perder a melhor amiga doeria tanto. Amigos não deveriam morrer! Muitas vezes eu me sinto uma pessoa egoísta, porque eu não queria tê-la perdido. Ah, Dani, o Juninho, que, agora, de Juninho não tem nada, está um Homem! E você tem duas sobrinhas lindas. Cuida da gente, meu amor! As cortinas da sua vida se fecharam, mas sua existência será eternamente lembrada. Com muita saudade. Mesmo a gente não tendo combinado nada disso.

Aprendizado 15
À beira da morte

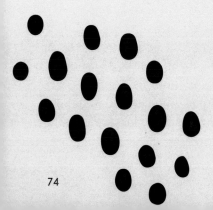

Somente nesse momento repensamos os caminhos traçados na vida. Por quê?

Ao passar na frente do Hospital Santa Catarina, por volta das 13h, no dia 6/4/2022, lembrei-me do dia em que fiz alguns exames nesse local e vi muitas pessoas que, certamente, não estão vivas hoje. Nesse dia pretérito, antes dos exames começarem, a frase de uma cardiologista veio à minha mente: "Denise, é melhor cuidar da saúde a tratar a doença". Ao escrever o texto a seguir, de uma outra sentença, muito conhecida, também me recordei: "Aquele que não tem tempo para cuidar da saúde vai precisar arrumar tempo para cuidar da doença". A medicina preventiva ainda é mais importante do que a curativa. Precisamos nos conscientizar dessa verdade.

Acamado, no leito de morte, com febre, tosse, cansaço, fortes dores no peito, dificuldades para respirar e sem paladar, recebe o resultado dos exames. Covid. Ele faz parte da minoria da população brasileira que optou por não tomar a vacina. É um direito. Manteve a decisão da não imunização mesmo diante de inúmeros pedidos da família. O médico avisa que, se não houver melhora no quadro clínico no período de vinte e quatro horas, será intubado. Surge o medo de morrer. Aos quarenta anos. Nesse momento, um filme passa pela cabeça do paciente, que, angustiado, repensa a vida, faz confissões e promessas.

Acima do peso, o empresário, que trabalha por volta de dez horas por dia e possui um estilo de vida nada saudável, recorda-se das prescrições médicas dadas, porém não seguidas, pelo cardiologista na última consulta. As mais recomendadas eram dieta e a prática de atividade física. Caso contrário, o colesterol alto, o diabetes e a hipertensão não teriam melhora e o pai não chegaria aos 18 anos da filha mais velha. Com a evolução da doença, recebe a notícia da intubação. Será no dia seguinte. Solicita uma conversa em particular com a esposa.

A mulher ingressa chorando no quarto do hospital, mas tenta acalmar o eterno namorado. Ele, homem de negócios, que sempre suprimiu os próprios sentimentos, declara o amor sentido pela esposa e pelas filhas. Passa algumas orientações financeiras, na hipótese de vir a faltar para a família. Confessa a sonegação de impostos na empresa. Arrependido, pede para a esposa resolver o assunto na Receita Federal, caso ele próprio não consiga. E, para viver em paz, deixa o rancor e ressentimentos de lado, orientando no sentido de ajudar financeiramente o irmão bastardo — aquele gerado, 30 anos atrás, fora do casamento dos pais e nunca reconhecido.

Minutos antes do procedimento, o paciente, sozinho na sala do hospital, faz promessas a si mesmo e jura o cumprimento caso "saia dessa". Promete diminuir a carga horária de trabalho para ter mais tempo para a família, os amigos, os pais: levar a esposa para jantar e para viajar, brincar com as filhas, ligar para os amigos, visitar os genitores. Tomar a vacina. Facilmente relembrou os sonhos não realizados, deixados para trás ou para o futuro. Mesmo tendo dinheiro, nunca levou as meninas para a Disney. Por fim, comprometeu-se a entrar em uma academia e procurar um nutricionista.

É intubado. Vai para a UTI. A família reza, faz promessas, chora. João tem três filhas. E esta história, meus caros, pode ter três finais: João pode não resistir, falecendo com arrependimentos; pode ter alta e cumprir as promessas, passando mais tempo com a família; ou, simplesmente, pode sair do hospital e se esquecer do prometido — permanecer ausente com a família e com maus hábitos de vida. João somos você e eu. João somos todos. Quando estamos em uma situação, prestes a partir ou com algum familiar doente, fazemos promessas e repensamos os caminhos traçados na vida. Mas, logo que a situação melhora, esquecemos. Não esperemos por uma crise para descobrirmos o que é, de fato, fundamental nesta vida. Ai de nós se quisermos alterar o curso da nossa existência somente no leito de morte! Pode ser tarde demais.

Aprendizado 16

Onde eu estava enquanto meu filho crescia?

Filhos e o amor: nenhum sentimento supera essa relação. Se de um lado da gangorra nada é mais forte do que o amor de uma mãe pelo seu filho, do outro, nenhuma loucura é maior do que gerar um filho. Por que loucura? Criar um filho é sentir o coração saindo pela boca em diversos acontecimentos. É ter palpitação quando há certa demora na resposta de uma mensagem no WhatsApp. É vivenciar medos e culpas. E é aos trancos e barrancos, com algumas dificuldades, cansaços e medos — principalmente medos —, que logo terei um filho com 18 anos de idade. Dezoito anos? E onde eu estava enquanto meu filho crescia? Esse é um dos questionamentos que faço recorrentemente para mim mesma. A outra indagação é: será que fui muito ausente na vida do Pedro?

Pedro nasceu em Monte Aprazível/SP no dia 13 de dezembro de 2004. Naquele dia que, até hoje, é o mais importante da minha vida, ele nasceu e eu renasci. Mesmo sendo essa uma frase clichê, depois que nos tornamos mãe, somos outra mulher. É tipo um "antes e depois de Cristo", sabe? Ter um filho é uma baita responsabilidade. Responsabilidades. No plural. Estou longe de ser a melhor mãe do mundo, pois nunca fui muito carinhosa, melosa, dessas de passar a mão na cabeça. Penso que, pela realidade de ser mãe solo, senti necessidade de ser mais dura com ele. Rude, em alguns instantes. Porém, tenho muito orgulho da minha trajetória até aqui e, principalmente, grande admiração pelo Pedro. Para ele, o caminho também não foi fácil.

Certo acontecimento, no ano de 2011, marcou-me profundamente. Sinto-me mal até hoje só de lembrar. Ao chegar em casa, depois de um dia de trabalho, Pedro aguardava-me, triste, no térreo do condomínio. Questionei o que havia acontecido. E ele respondeu que eu tinha esquecido da apresentação da peça de teatro no colégio. Eu fui uma das mães ausentes — mas não a única, e não havia ninguém da família assistindo. Meu coração ficou dilacerado. Mas, sinceramente, tem cabimento uma escola marcar uma apresentação durante a semana às quinze horas? Não é toda mãe que tem flexibilidade para sair do trabalho na hora em que quiser. No meu caso, eu não conseguiria justificar minha ausência naquela fase da minha vida. O que sei é que aquele momento foi importante para o Pedro e eu não estava lá.

Cresci com uma mãe totalmente presente na minha vida. Cresci com comida fresca na mesa todos os dias na hora do almoço. Ao escrever essa última frase, até senti o cheiro do alho sendo frito no momento do preparo do arroz. Cresci com minha mãe me levando e buscando na escola e indo a todo e qualquer momento necessário no colégio. Por sua vez, meu filho não teve o mesmo privilégio. Pedro cresceu com muita comida requentada e começou a ir e a voltar sozinho da escola ainda muito novo. E eu já me censurei muito por essas situações! Já me culpei por não ter podido ficar mais com o meu filho devido à circunstância de trabalhar fora e de ter todas as responsabilidades que uma casa e uma família exigem.

Sendo mãe solo, o desespero bateu à minha porta várias vezes e diversas afirmações e questionamentos se fizeram presentes: "eu não vou conseguir dar educação, carinho e amor suficientes para meu filho. Eu não vou lograr dar o mesmo padrão de vida que meus pais me deram. Até quando vou suportar essa responsabilidade sozinha? Eu vou conseguir fazer meu filho feliz? Estou muito ausente do crescimento do Pedro?". Mas a coragem dizia: "calma, Denise, o fato de você não conseguir fazer tudo, não vai impedi-la de fazer o que você pode. Um dia de cada vez". Máxima inquestionável é a de que a culpa é um sentimento vivenciado habitualmente pelas mulheres. Essa sensação é potencializada se a mulher cria o filho sozinha, assumindo o comando de um lar. Mas por que a gente sente tudo isso?

Uma resposta simples é a de que, ainda, temos o modelo antigo da maternidade como o ideal, no qual a mulher era a responsável pelos cuidados da casa e dos filhos de maneira impecável, sempre perto da perfeição. Assim, nos tempos atuais, quando desejamos atingir essa perfeição e ainda ter uma carreira, ficamos sobrecarregadas, exaustas, acumulando funções. E é notório que, ao tentar cumprir todos esses papéis, não encontramos tempo, nascendo a culpa. Mas será que eu gostaria de não precisar trazer dinheiro para dentro de casa? A resposta é negativa. A combinação de vida profissional com a de mãe é explosiva para qualquer mulher. Porém, eu não conseguiria deixar de trabalhar fora e, principalmente, abandonar minha independência financeira.

De tempos em tempos, eu me assusto ao olhar meu filho com quase 18 anos. Parece que pisquei e ele se tornou um adulto. E, nesse processo, onde eu me encontrava? Na ocasião em que o Pedro rasgou o supercílio, eu que o levei ao hospital para fazer sutura. Nos momentos em que ele precisou de médicos, dentistas, psicóloga e fonoaudióloga, eu que o conduzi. Na hora que ele chorou pelo primeiro amor, eu o acolhi. Sou eu quem o acordo todos os dias para ir ao colégio. Nas festas juninas, na Primeira Comunhão, e outras datas especiais, fiz-me presente. Proporcionar lazer e cultura para o Pedro sempre foi uma preocupação minha, e assim, juntos, conhecemos a neve, entre outros lugares que estarão para sempre nas nossas memórias. Assim, onde eu estava enquanto meu filho crescia? Eu tenho a convicção de que eu estava ao lado dele. Como sempre estarei.

Aprendizado 17

A sabedoria dos mais velhos

Um dia nossa pele enrugará. Nossos cabelos ficarão brancos. Um dia não teremos mais a força física e a energia da juventude. Por isso, vamos respeitar os idosos e lhes dar carinho. Estaremos, assim, respeitando e construindo nosso futuro.

Alguém tem o privilégio de, aos 39, ter uma amiga de 95 anos? Eu tenho! Eu tinha...

O relógio bate 8 horas. É um lindo domingo de sol na cidade de São Paulo. Escuto alguém conversando no térreo do condomínio. Puxo as cortinas e abro a janela do meu quarto. O calor e a claridade do sol invadem meu ambiente. Inclino-me a olhar para baixo e vejo minha amiga passeando, aproveitando os raios de sol para a produção de vitamina D. Na cadeira de rodas, com o cabelo ralo e branquinho, acompanhada da cuidadora, infelizmente, ela não me reconhece mais. Assim como a ninguém da família. Por alguns segundos, percorro os olhos por aquela mulher com tanta sabedoria de vida e que a mim muito ensinou, respiro fundo, e lágrimas rolam pelo meu rosto. Eu gostaria de ter convivido muito mais com ela.

Dona Enid e eu somos vizinhas desde quando me mudei para São Paulo, há quase dezesseis anos. Ela na faixa dos 90 e poucos anos nesse ano de 2022; eu com 39. Das poucas pessoas com quem eu converso no condomínio, ela é uma delas. Quando nos encontramos, nas áreas comuns do prédio, ela elogia a minha beleza e a do meu filho. Conversamos sobre qualquer assunto. Extremamente lúcida, inteligente, ponderada, sempre se descreveu, para mim, como uma mulher muito apaixonada. Símbolo de dignidade, um repositório de sabedoria e detentora de grande capacidade de orientação e de propriedade sobre a vida. Professora de Português, escreveu diversos livros de poemas. Um dos últimos livros publicados ocorreu quando Dona Enid tinha 90 anos, o qual dedicou à família e aos amigos.

Dona Enid sempre me convidava para um café na casa dela. Confesso que nunca havia aceitado, pois parecia estar incomodando. Quando o último livro foi publicado, ela novamente me chamou para conhecer sua casa, pois queria autografar a obra para mim. Morando no primeiro andar, e ela no segundo, subi tão somente um lance de escada. E foi uma das tardes mais prazerosas da minha vida, pois me narrou toda a sua trajetória como escritora. Para minha emoção, Dona Enid disse que eu era uma grande amiga, motivo pelo qual estava me presenteando com o livro. Senti-me muito honrada e privilegiada com tal atitude.

Mal sabia eu, no dia do café, que minhas emoções estavam por começar. Certo dia, ao chegar da academia, novamente encontrei com Dona Enid. Sentei-me ao lado dela para fazer companhia durante o banho de sol, momento em que ela me contou ter encontrado, no meio de um livro, um poema de amor escrito por um amigo em 1948. Imediatamente, ela ligou para o amigo e questionou o motivo pelo qual ele nunca falou desse amor para ela. E a resposta dele foi: "Enid, você jamais teria me dado a oportunidade". O amigo nunca vai saber a resposta correta ou como a vida teria sido, se ele tivesse se declarado. E, atualmente, ambos são viúvos e se falam pelo telefone todas as noites. Novamente me senti honrada por ela ter me narrado esse fato tão íntimo da vida dela. Nesse dia, concluí: quantas histórias de amor não se tornam realidade por medo, não?

Nesse mesmo dia, que, aliás, foi o último em que trocamos confidências, comentei acerca do meu desejo de escrever um livro. Ela riu e, com muita propriedade, falou: "você está esperando o quê? Seja ousada, Denise". Eu vou guardar para sempre essas últimas palavras ditas por ela para mim. E não é à toa que você está com este livro nas mãos hoje. Eu gostaria de ter compartilhado mais da minha vida com a Dona Enid. Por vergonha, eu não aceitei os inúmeros convites para ir à casa dela. Com as experiências e as sabedorias adquiridas ao longo da vida, ela teria me ensinado muito mais, porém me deixou um grande legado: enfrentar meus medos, sair da minha zona de conforto, não deixar projetos e desejos na gaveta e, principalmente, não ter vergonha de ir em busca dos sonhos.

Dona Maria Enid Mussolini faleceu no dia 14/6/2022. Tomei conhecimento do fato ao ler o aviso do óbito afixado no elevador do condomínio, quando eu saía para a academia. Treinei enxugando as lágrimas e limpando o nariz.

Aprendizado 18

O direito constitucional ao medo

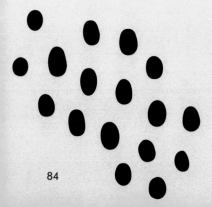

Coragem não é a ausência do medo. Coragem é sentir o medo e, mesmo assim, agir. Posso parecer forte a todo momento, mas não sou.

Embora dialogue com os meus medos diariamente, esse último final de semana, em especial, falei ainda mais. Etimologicamente conhecido como pavor, temor, terror, pânico, o medo caminha, de forma intensa, ao meu lado desde julho de 2013 — momento em que me vi, sozinha, com o meu filho de 7 anos na cidade São Paulo, com a família toda a 500 km de distância. Algumas pessoas têm medo de altura, de local fechado, de andar de avião. Outras, de insetos, do escuro, de morrer. Há, também, os medos invisíveis — aqueles que sentimos, mas não sabemos o porquê. Descrevo-me como uma pessoa medrosa. Não sou uma fortaleza como tento deixar transparecer. Às vezes, esmoreço. E você aí, tem medo de quê?

Leandro, um amigo com quem fui jantar na última sexta--feira chuvosa e frienta na capital, imprimiu a página do site "Eu Sem Fronteiras", local onde publiquei alguns artigos e me detalhei como "Romântica, prática, sonhadora, batalhadora, corajosa, brava, audaciosa e medrosa ao mesmo tempo". Ele, curioso, grifou a palavra medrosa, colocou a impressão na minha frente e me indagou o motivo. Simplesmente revelei ser uma pessoa medrosa sim, mas tentar, a todo tempo, parecer resistente. A tudo e a todos. Ele não se contentou com a minha explicação e conversamos sobre o assunto. Foi por esse motivo, além de outro que logo contarei, que resolvi escrever este texto. Leandro acionou o gatilho emocional do tema medo em mim. E foi ótimo para eu refletir. E redigir.

Lembro-me de um filme, assistido ainda na adolescência, quando nem pensava em ser mãe, chamado *Plano de voo*. Nele, em meio a uma viagem de Berlim a Nova York, a atriz principal, viúva há um dia, entra em pânico após perceber o desaparecimento da filha de 6 anos. É dessa situação que vem o maior medo da minha existência — perder meu filho. Desapossar física e emocionalmente da minha cria — leia-se "morte" e "drogas". Semana retrasada, meu filho e eu estávamos treinando na academia e, enquanto eu fazia o aparelho de abdominal, Pedro treinava peitoral. Olhei para ele, com aqueles mais de 1,80 de altura, e senti vontade de chorar. Fitei os olhos nele, questionando-me até quando terei energia e coragem para educá-lo e criá-lo. Sozinha. Principalmente, nessa fase em que ele se encontra — a adolescência.

No sábado, minha prole foi em uma balada pela primeira vez. Logo que o dia raiou, me senti apavorada. A festa, apelidada de "deixa em off", tinha o término às seis horas da manhã. A frase "e se acontecer alguma coisa?" não me abandonava. O "acontecer alguma coisa" abrange a integridade física, emocional, além do uso de álcool e de drogas. Denise, não seria mais fácil deixar o Pedro ser criado pela família no interior? Na remota hipótese de essa pergunta passar pela mente do leitor, saiba que nunca pensei em fugir dessa luta, de deixar o Pedro ser formado por outras pessoas, além de mim. Malgrado não ter sido preparada para esse constante desafio, dele eu não vou fugir. Os medos? Eu vou enfrentar.

Em janeiro de 2020, organizei uma viagem para a Europa com o Pedro. Somente ele e eu. Nas noites que antecederam o passeio, o sono me abandonou. O que faria meu filho lá no exterior se eu viesse a faltar? Eu poderia ficar doente ou nos perdermos. Como sempre, com as precisas palavras, aparecem pessoas boas na minha vida: dias antes, um amigo do interior me disse: "Pense no mundo como se ele fosse o fundo da sua casa. Porque é". E foi com esse pensamento que embarquei. Nossa viagem foi maravilhosa do começo ao fim. Foi uma experiência incrível e enriquecedora por Portugal, Paris e Suíça. Ah! Pedro e eu nos perdemos no metrô em Portugal, trememos muito, mas logo nos reencontramos. Nossos laços afetivos foram mais ainda estreitados. Se os pais devem criar boas memórias afetivas com os filhos, estou fazendo a minha parte.

Quando somos crianças, fase da vida em que não precisamos pensar em pagar as contas, e o coração, ainda, não sofre por amor, nossos medos são diferentes da vida adulta. Os pânicos vão se modificando à medida que crescemos: do medo de tempestades e de travões passamos ao da traição, da demissão, do fim do casamento, da solidão, do envelhecimento, de enfermidades, do óbito dos genitores. Também tenho medo da ignorância e da mediocridade individual e coletiva. Não importa quão forte, emocionalmente ou fisicamente, seja uma pessoa, todos reunimos medos nessa jornada.

Evidentemente, tenho muitos outros medos que não vou expor. Mas esses, relacionados ao meu filho, foram os que mais ocuparam espaço em meu coração recentemente. Parafraseando Luiz Felipe Pondé[7], no livro *A filosofia da adúltera*, "descobri que o medo é a principal razão de não sermos capazes de olhar para o mundo". A partir dessa frase, analisei o medo: o medo cumpre uma função na humanidade, pois é um instinto de proteção. Contudo, não pode implicar a privação de momentos, de viagens, de relacionamentos, de amores. De constitucional, meu direito ao medo não tem nada. Mas me dou o direito de sentir medo. Qualquer medo. Quando quiser. E você também.

---

[7] Luiz Felipe de Cerqueira e Silva Pondé é um filósofo, professor universitário, escritor e palestrante brasileiro.

Aprendizado 19
A cultura da rivalidade entre as mulheres

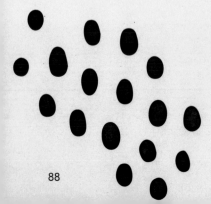

Entre as mulheres existe muita falta de empatia. Mas por que isso? Por que existe tanta rivalidade entre as mulheres?

Vivemos em uma sociedade machista e tal fato é inegável. Como escrevi no artigo sobre feminismo (Aprendizado 5), infelizmente, muitas de nós, mulheres, somos machistas. Nossa sociedade falocêntrica manifesta-se em diversos campos como a desigualdade de direitos entre homens e mulheres, diferença salarial, violências, objetificação da mulher e, incluo mais uma revelação: a falta de empatia entre as próprias mulheres. Enquanto os homens defendem uns aos outros com unhas e dentes, o mesmo não ocorre entre nós. E esse é um assunto que vem me intrigando há certo tempo. Por que existe tanta rivalidade entre as mulheres? Por que temos a necessidade de criticarmos e de denunciarmos umas às outras? O caminho não seria a união, a defesa e a ajuda recíproca? A verdade é que, por trás dessa disputa, existe uma construção histórica.

Como herança do patriarcado, desde criança, ouvimos que as mulheres são rivais, competitivas entre si e que não somos unidas e amigas como os homens. No início das nossas vidas, nosso ponto de vista feminino é muito ingênuo, porém, a maturidade nos permite questionar os padrões morais e as convenções sociais impostas durante nossa jornada. Para minha felicidade e prosperidade e com o passar dos anos, estou aprendendo a praticar a empatia com meus pares. A rivalidade entre os homens também existe, embora constatemos tal fato de modo predominante no campo do trabalho. A rivalidade masculina é mais óbvia e, ouso dizer, aceita por todos. A feminina é invisível. Nós, mulheres, fomos doutrinadas a nos compararmos, quem nunca ouviu a frase "mulheres se arrumam para outras mulheres"?

O filósofo Luiz Felipe Pondé acredita que a rivalidade feminina tem uma herança evolucionária de comportamento de sobrevivência: como chegar perto dos melhores machos, como garantir uma prole com machos mais seguros e melhores recursos nos momentos de gravidez e de fragilidades. Segundo o autor, a rivalidade feminina talvez seja fruto justamente da experiência de fragilidade que a mulher teve durante tantos milênios no processo de sobrevivência. Ainda citando

Pondé, a mulher teve que desenvolver um tipo de conhecimento, de percepção e um tipo de garantia para eliminar a sua concorrente de uma forma tão absoluta e definitiva que só uma competição invisível, detalhista e mortal seria capaz de fazer. Porém, considerando as enormes mudanças ocorridas nos comportamentos e nos papéis das mulheres no último século e a independência financeira feminina, essa rivalidade toda não mais se justifica.

Outro dia, vi a postagem de uma linda mulher no sambódromo de São Paulo durante o carnaval. No comentário, ela escreveu: "Ainda sobre o carnaval — treta com as invejosas". Quais terão sido a competição e as invejas? Será que a disputa aconteceu por causa de homem ou de quem vestia a melhor roupa, usava a melhor maquiagem ou de quem chamava mais a atenção? A verdade é que nós, mulheres, fomos estimuladas a concorrer, a não confiar em outras mulheres, a denunciar umas às outras, bem como a desdenhar as necessidades do nosso grupo, estando a nossa deslealdade difundida em toda a sociedade, favorecendo ainda mais o patriarcado. Ocorre que, quando uma mulher se recusa a apoiar outra, acontece uma inequívoca desvalorização de si mesma.

Sou feminista, mas cresci em uma cultura sexista — assim como a maior parte da minha geração no interior de São Paulo. Fui criada em uma sociedade que tentou me convencer de que, além de ter uma profissão, eu deveria ser uma esposa perfeita: lavar, passar, cozinhar, faxinar, ser uma excelente mãe, ser boazinha, disciplinada e submissa ao marido. É difícil uma mulher ser saudável em uma cultura tão doente. Uma cultura com valores tão desprovidos de vida. É impossível uma mulher realizar todas as tarefas domésticas, ter todas as responsabilidades com os cuidados e com a educação dos filhos e, ainda, trabalhar para ajudar no sustento do lar. Mas, quando visitamos a casa de uma mulher que se encontra nessa situação, e um simples guardanapo não está branco ou existe um pouco de pó nos móveis, nós a criticamos. Eu gostaria de poder afirmar que, a essa altura da humanidade, não existem mais essas armadilhas para as mulheres. No entanto, isso não acontece.

Dentro de mim, ainda, há todas essas crenças que me foram colocadas por décadas. Todos os dias eu luto para falar para mim mesma que eu não preciso dar conta de tudo. Eu odeio afazeres domésticos. Mas é provável que, subconscientemente, ainda julgue uma mulher quando ela diz o mesmo. Também julgamos uma mulher quando a taxamos de egoísta pelo fato desta não desejar a maternidade ou quando uma mulher, que é mãe, deixa o filho em casa e sai com as amigas para momentos de lazer. É lamentável que a rivalidade entre as mulheres esteja presente em tantos ambientes. Esse confronto apenas desvaloriza nossa identidade feminina. Precisamos, o mais rápido possível, olhar-nos com empatia, cuidar-nos, elogiar-nos, apoiar-nos, convivendo de modo harmônico. Se existe uma confraria entre os homens, o mesmo deve acontecer entre nós. Elogiando e cuidando de uma mulher, não estamos nos diminuindo. Apenas, unindo-nos e nos tornando mais fortes.

Aprendizado 20

O suicídio de Simone

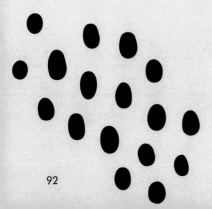

E o motivo pelo qual nós, mulheres, não podemos deixar nossos sonhos, intuições e coragem para trás.

Com raríssimas exceções, mulheres sonham com o típico casamento de conto de fadas, o qual abraça o príncipe encantado, o tão desejado pedido de matrimônio, as alianças, o marido fiel, carinhoso e companheiro, e a formação de uma linda família. É o famoso "E viveram felizes para sempre". Com Simone não foi diferente. Mineira, formada em Jornalismo, tinha uma doçura que não parecia deste mundo. Casou-se com Paulo, engenheiro, homem de poucas palavras. Conheceram-se na faculdade no estado de Minas Gerais. Formavam um belo casal: ambos morenos, peles e olhos claros. Inteligentíssimos. Fixaram residência na cidade de São Paulo, passando a morar no apartamento comprado pelo marido em momento anterior ao enlace. Após dois anos, engravidaram de gêmeos. Na verdade, gêmeas. E nasceram duas lindas meninas.

Por uma fatalidade do destino, um dos bebês faleceu antes de completar 6 meses. Paulo, então, sugeriu a redução da carga horária de trabalho para a esposa dedicar-se mais à filha e à casa. Por ingenuidade e pela falta de compreensão emocional do que estava oculto, Simone acatou a ideia. Com o trabalho em regime de tempo parcial, o mesmo ocorreu com a remuneração. Contudo, as despesas do lar eram divididas igualmente entre ambos. Ela não se queixava. Clara, a filha, ficava meio período no colégio, enquanto Simone trabalhava. No outro intervalo, a mãe cuidava dos afazeres domésticos. Sonhava com o mestrado, com o doutorado, mas assistiu de camarote seus sonhos e desejos sendo deixados para trás. No escoar do tempo, Paulo passou a chegar mais tarde em casa, alegando excesso de trabalho. Por vezes, regressava alcoolizado, com cheiros incomuns, ameaçando e humilhando a esposa. A paz doméstica deixou de existir.

No luxuoso apartamento que, antes, era um lar, Simone, reprimida, traída, começou a definhar. Quando pediu o divórcio, as chantagens emocionais e as ameaças acerca da guarda da filha intensificaram-se. Paulo não aceitava o fim do casamento. Porém, não mudava os comportamentos. Como a família morava em Minas Gerais, Simone não tinha abrigo na capital de São Paulo. Com a redução da jornada de trabalho, não conseguiu poupar o suficiente para alugar um apartamento. Ao optar por se doar mais à família, não colheu ascensão profissional e financeira. Clara, na época, estava com 6 anos de idade. Paulo dispunha de recursos, mas não admitia a ideia de morar em outro local. Preferia o casamento de aparências. Foram anos de manipulação e de cárcere. Apesar de a maior preocupação ser a filha pequena, Simone não enxergava luz no fim do túnel, pois não sabia nem onde tinha ido parar sua própria vida. As dores das humilhações e da violência psicológica eram insuportáveis e nítidas em seus olhos.

Nesse vulgo conto de fadas, com um final brutal, em um vespertino sábado, depois de organizar a casa e de fazer a comida do final de semana, Simone informou para a família que tomaria banho. E essas foram as últimas palavras dessa mulher. O cheiro do macarrão, com o toque de manjericão e sálvia, ainda estava pelo ar. Trancou-se no banheiro, ligou uma música clássica e ingeriu diversos medicamentos. Na sala, Paulo assistia ao futebol, enquanto a filha brincava com as bonecas. Após uma hora da ausência de Simone, arrombou a porta, encontrando-a sem vida. Simone não teve forças para continuar a jornada e, para ela, foi necessário o coração parar de bater. No velório, as lágrimas de Paulo não convenceram a família da mãe de Clara. Mas, aos congêneres dele, que o julgavam um perfeito marido, sim.

Com grande sentimento de impotência e diante da ausência de esperança para restabelecer o domínio sobre a própria vida, Simone suicidou-se. Há mais ou menos doze anos. É necessária muita coragem para uma mãe fazer isso com a própria vida e com a vida de um filho. Mas espera aí! Coragem? Coragem seria a palavra correta? O que leva uma mulher a chegar nesse ponto? Um dos maiores medos que experimento é o de morrer, deixando meu filho sozinho. Confesso preferir tomar um avião com o Pedro a voar sozinha, porque, se eu me for, quem vai cuidar do meu filho? Egoísmo da minha parte? Pode ser! Mas tenho o direito de ter esse pensamento. Simone não está mais aqui para afagar o cabelo da filha, para vê-la crescer, formar-se na faculdade. Ser feliz.

Demandas domésticas demais. Filhos demais. Sonhos e carreiras profissionais deixados para trás. Violência doméstica física e psicológica. Quem dentre nós não conhece pelo menos uma mulher que perdeu seus instintos para fazer boas opções na vida e foi, assim, forçada a viver infeliz? Quem nunca conviveu com uma mulher que sacrificou amigos, sonhos e carreira para dedicar-se integralmente à família e se viu com uma mão na frente e outra atrás após o fim do casamento que jurava ser eterno e harmônico? Talvez você mesma seja essa mulher. Por qual motivo conto essa história? Porque quando relatei esse fato para a minha psicanalista, 12 anos atrás, momento em que eu não suportava mais o meu "conto de fadas", ela olhou fixamente nos meus olhos e disse: "Denise, você não é Simone!". E, hoje, eu estou aqui.

Posfácio

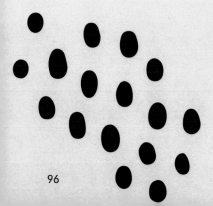

Queridos amigos e leitores, confesso ter pensado esconder, nesta obra, um **marco crucial na minha vida.** Assim, em respeito a quem não me conhece, decidi de modo contrário. Isso porque, quando pensava ter a vida exigido-me coragem o suficiente, ela veio e reivindicou-me muito mais. Por uma fatalidade do destino, mas não contrariando meus pressentimentos no ano pretérito, meu pai, Luiz Pedro Mantovani, faleceu no dia 14 de outubro de 2022. Este livro foi elaborado com base nas minhas dores e nos meus aprendizados pessoais até julho de 2022. Não alterei nenhum pensamento, nenhuma palavra do que aqui está escrito, após a partida do meu pai.

Desse modo, o livro *Coragem I* foi elaborado enquanto meu genitor estava vivo. *Coragem II* será desenvolvido a partir das novas dores e dos novos aprendizados que experimentarei após a morte do meu porto seguro. A partir de agora, compreendo que terei muitos outros desafios. E sem meu pai do meu lado. Que a coragem não me abandone! Que a coragem não me falte!

Dr. Mantovani, como escrevi, certa vez, em uma rede social, o maior mérito de um pai está na forma como ele cuida dos filhos. **O senhor, por trinta e nove anos, exerceu com plenitude a paternidade. Protegeu-me, dando-me segurança e, principalmente, muito amor.** Serei, eternamente, uma filha grata ao pai. Serei, eternamente, a sua menina.